1887 kam Ricarda Huch mit 22 Jahren nach Zürich, wo den Frauen die Universität offenstand. Sie legte die Maturaprüfung ab, studierte Geschichte, wurde 1891 promoviert und unterrichtete danach an der Höheren Töchterschule, arbeitete in der Stadtbibliothek.

«Frühling in der Schweiz» ist ein hinreißendes Zeugnis des «Frauenstudiums» in Zürich. Huch bezog ein Zimmer bei der so freundlichen wie skurrilen und unglücklich verheirateten Frau Wanner in der Gemeindestraße. Zu den endlos debattierenden Russinnen an der Universität ging sie auf Distanz, befreundete sich aber mit anderen akademischen Pionierinnen: Marianne Plehn wurde später zu einer der ersten Professorinnen der Naturwissenschaften in Deutschland, Agnes Bluhm wurde zu einer der ersten praktizierenden Ärztinnen in Berlin, Marie Baum spielte als Soziologin und Sozialpolitikerin in der Frauenbewegung der Weimarer Republik eine wichtige Rolle.

Daneben vermittelt «Frühling in der Schweiz» ein anschauliches Bild der Zürcher Gesellschaft in der zweiten Hälfte des 19. Jahrhunderts und ist eine große Liebeserklärung an Zürich und die Schweiz, nicht zuletzt vor dem Hintergrund des Konflikts Ricarda Huchs mit der Gestapo.

Ricarda Huch, geboren 1864 in Braunschweig, studierte und arbeitete von 1887 bis 1896 in Zürich, wo sie auch zu publizieren begann. 1926 wurde sie als erste Frau in die Preußische Akademie der Künste gewählt, aus der sie 1933 unter Protest austrat. 1937 wurde sie denunziert, vor dem Hintergrund der Ermittlungen gegen sie erschien «Frühling in der Schweiz» 1938 im Zürcher Atlantis Verlag.

RICARDA HUCH

FRÜHLING IN DER SCHWEIZ

JUGENDERINNERUNGEN

Herausgegeben und mit einem Nachwort
von Ute Kröger

Limmat Verlag
Zürich

Am Abend des 1. Januar 1887 kamen wir, mein Bruder und ich, in Zürich an und stiegen im Hotel Bellevue am See ab; es war noch das alte Haus, kleiner und stilvoller als das jetzige. Beim Abendessen saß eine Gesellschaft von Herren und Damen uns gegenüber – denn man speiste an der *table d'hôte* –, die sich sehr lebhaft und lustig unterhielten in einer Sprache, von der ich kein einziges Wort verstand. So viel konnte ich unterscheiden, dass es keine von den bekannten westeuropäischen Sprachen war, auch eine slawische schien es mir nicht zu sein. Während ich darüber nachdachte, kam es mir vor, als ob einer der Herren einen mongolischen Typus habe. Sollten sie kalmückisch oder tatarisch sprechen? Wahrscheinlich war das bei ihrem durchaus europäischen Aussehen und Verhalten nicht. Später erfuhr ich, dass kurz vorher in den sogenannten Escherhäusern am Zeltweg ein Brand ausgebrochen war und dass die davon Betroffenen bis zur Ausbesserung der in ihren Wohnungen entstandenen Schäden ins Hotel gezogen waren. Sie sprachen ihr angestammtes Zürichdeutsch, das mir bald so vertraut klingen sollte. Dem Herrn mit dem mongolischen Typus bin ich noch oft am Zeltweg auf dem Wege zur Universität begegnet.

Am folgenden Morgen suchten wir ein Zimmer für mich, und gleich das erste, das wir ansahen, gefiel mir; im Grunde mehr als das Zimmer die Wirtin. Sie hieß Frau Wanner, und das Haus, das sie bewohnte, war ihr Eigentum. Es lag an der Gemeindestraße, war von einem damals verschneiten Gärtchen umgeben und hatte die

Nummer 25. Frau Wanner hatte ein rasches Wesen und ein lustiges Zwinkern in den Augen; ich war sofort überzeugt, dass wir uns verstehen würden. Nachdem mein Bruder abgereist war, der mich nur begleitet hatte, weil es nicht passend schien, dass ein Mädchen von zweiundzwanzig Jahren die weite Reise von Braunschweig nach Zürich allein machte, bezog ich die beiden Zimmer, die ich gemietet hatte. In der ersten Nacht erwachte ich durch ein Geräusch von Schritten, Rascheln, Klappern und Trampeln im Nebenraum. Ich lauschte eine Weile, ohne dass es aufhörte, und es wurde mir unbehaglich. Noch gar nicht orientiert in dem fremden Hause, konnte ich nicht wissen, wer nebenan hauste und was da getrieben wurde. Zwar sagte ich mir, dass Einbrecher oder sonst Leute mit bösen Absichten sich hüten würden, so viel Lärm zu machen; aber ein Angstgefühl und die dunkle Erinnerung an das Wirtshaus im Spessart ließen sich doch nicht verscheuchen. So nahm ich denn mein Kopfkissen und mein Deckbett und richtete mich auf einem Diwan in meinem Wohnzimmer ein, das, wie ich bemerkt hatte, an das Schlafzimmer der Frau Wanner stieß. Dass sie nicht mit in dem etwaigen Komplott war, nahm ich bestimmt an. Als ich ihr am anderen Morgen mein Erlebnis erzählte, lachte sie und klärte es folgendermaßen auf: Sie finde es unpraktisch, sagte sie, täglich das gebrauchte Essgeschirr aufzuwaschen, warte vielmehr damit, bis kein sauberes Stück mehr vorhanden sei; dann lohne es sich. Inzwischen schichte sie die gebrauchten Teller und Schüsseln in der Speisekammer auf, die an mein Schlafzimmer grenzte, und die Essenreste, die etwa daran wären, lockten natürlich die Mäuse herbei. Das Tanzen und Springen derselben zwischen den Tellern hatte das mir so unheimliche Geräusch verursacht. Ich war über diese Art des Haushaltbetriebes maßlos erstaunt, aber Frau Wanner, die mir das so unbefangen auseinandersetzte, gefiel mir im Grunde umso mehr. Nach zwei oder drei Tagen erzählte sie mir, meine Vorgängerin in der Wohnung sei eine Sängerin am Pfauentheater gewesen. Es handelte sich um den alten «Pfauen», ein unansehnliches Haus am Heimplatz, in dem, wenn ich mich recht erinnere, auch von recht unansehnlichen Kräften Operetten gespielt wurden. Diese Sängerin, ein sehr nettes Mädchen, sei die Geliebte eines rumänischen Studenten, der sich nach ihrer Abreise verlassen und unglücklich fühle; ob ich nicht ihre Nachfolgerin bei ihm werden wolle? Als ich mein Erstaunen über diesen Vorschlag äußerte, sagte sie, ich sei doch auch mit einem Geliebten gekommen; als ob das, wenn es sich so verhalten hätte, sie zu ihrer Zumutung berechtigt hätte. Ich sagte, das sei mein Bruder gewesen, ich hätte ihn ihr doch vorgestellt! Jawohl, sagte sie lachend, aber so etwas glaube man doch nicht. Weder nahm ich Frau Wanner ihre Einstellung, noch nahm sie mir meine schroffe Ablehnung des rumänischen Studenten übel, den abzulehnen es übrigens keines Aufwandes von Tugend bedurft hätte; im Gegenteil, als sie sich überzeugt hatte, dass ich nichts wollte als arbeiten und wirklich vom Morgen bis zum Abend arbeitete, ging ihre Zuneigung zu mir in eine fast leidenschaftliche Liebe über. Sie tat, was sie konnte, um es mir behaglich zu machen. Ich verstand nicht, die Petroleumlampe zu behandeln, da wir zu Hause Gas brannten, und ich überhaupt nicht gewöhnt war, irgendetwas im Hause zu tun, sie zeigte es mir, und als sie sah, wie mich das Petroleum ekelte, besorgte sie die Lampe regelmäßig für mich. Sogar dazu ließ sie sich herbei, für mich zu Mittag zu kochen.

Auf irgendeine Empfehlung hin war ich die ersten Tage zum Essen in das Zunfthaus zu den Zimmerleuten gegangen. Noch sehe ich den großen schwarzbärtigen Wirt vor mir, der grüßend von Tisch zu Tisch ging; ein biederer alter Herr und ein junger Engländer namens King, mit dem ich einige Male Schlittschuh gelaufen bin, wurden neben mich gesetzt. Obwohl mir alle mit Freundlichkeit, Rücksicht und Respekt begegneten, hatte ich doch den Eindruck, dass ich auffiel, weil es nicht Sitte war, dass einzelne Damen dort zu Mittag aßen. Ich war deshalb Frau Wanner sehr dankbar, dass sie sich zwar nicht verpflichtete, mir täglich etwas zu kochen, aber durchblicken ließ, dass sie es meistens tun werde. Sie durchbrach damit ihre Grundsätze; sie war nämlich der Meinung, es sei etwas Jämmerliches, dass die Menschen jeden Mittag zur bestimmten Stunde ihr Essen vorgesetzt haben wollten, gewissermaßen eine Verkommenheit des Spießbürgers, man solle dann essen, wenn man gerade Hunger hätte, und auch nicht viel Zeit mit den Vorbereitungen dazu verlieren. Obwohl ich nicht ohne Verständnis für diese Lebensauffassung war und selbst nicht dazu neigte, die

Äußerlichkeiten des Lebens allzu wichtig zu nehmen, wusste ich ihr doch auch etwas zu entgegnen. Gerade weil wir, meine Geschwister und ich, sehr frei aufgewachsen waren, fast ohne andere Erziehung, als die Atmosphäre des Hauses und das Beispiel der Angehörigen bewirkte, hatte ich mir die wenigen Lebensregeln, die mir, meist von meiner geliebten Großmutter ausgehend, gegeben wurden, fest eingeprägt, und dazu gehörte die, dass eine bestimmte Einteilung der Beschäftigungen des Tages dem Leben ein Gerüst verleihe, das für die Menschen gut und eigentlich notwendig sei; wer sich einen Stundenplan setze und daran halte, könne mehr leisten als ein anderer. Diese Regel hatte sich mir so eingefleischt, dass es mich heute noch beunruhigt, wenn meine Mittagsruhe sich über drei Uhr erstreckt, weil sie zu Hause von zwei bis drei angesetzt war. Da ich außerdem um die Mittagszeit hungrig und nach angestrengter Arbeit einer Pause bedürftig war, konnte ich Frau Wanners Lebensanschauung, abgesehen von der Theorie auch mit augenscheinlich einleuchtenden Gründen, zu erschüttern suchen. Zu alledem konnte ich mir sagen, dass tägliches Kochen zu einer bestimmten Stunde auch Frau Wanner selbst und ihrer Familie zugutekommen würde.

Frau Wanner hatte vier Söhne, zwei von etwa fünfzehn und vierzehn, zwei kleine von etwa vier und drei Jahren. Von dem ersten Paar war der ältere blond und etwas derb, dem Vater nachschlagend, der zweite dunkel und feiner, der Mutter ähnlich; und dieselbe Verteilung wiederholte sich bei dem zweiten.

Mit dem Vater dieser Kinder, dem Gymnasiallehrer Wanner, hatte es eine besondere Bewandtnis, von der seine Frau mich bald in Kenntnis setzte. Sie konnte ihn durchaus nicht leiden und wünschte, von ihm geschieden zu werden, was aber doch nicht so leicht zu bewerkstelligen war; inzwischen hatte sie ihn in das obere Stockwerk ihres Hauses gesteckt, wo er allein und begreiflicherweise sehr übler Laune hauste. Für ihn zu kochen, weigerte sie sich entschieden. Er ernährte sich infolgedessen hauptsächlich mit kaltem Aufschnitt, Schinken, Wurst und dergleichen, weswegen sie ihn, Spott zum Schaden fügend, den Wurstlackel nannte. Sie gab ihm nie eine andere Bezeichnung, wenn sie von ihm sprach. Von dem ersten Söhnepaar hielt der ältere zum Vater, der jüngere zur Mutter, die Kleinen waren noch zu jung, um etwas davon zu begreifen. Anfänglich versuchte ich schon um der Kinder willen, im versöhnenden Sinne zu wirken. Ich ermunterte zum Beispiel zu Familienspaziergängen am Sonntagnachmittag, wozu Frau Wanner sich bereit erklärte unter der Bedingung, dass ich mitginge. Die Kleinen waren hocherfreut über diese gemeinsamen Unternehmungen, aber für mich war es ein heikles Vergnügen, denn ich musste beständig auf einen Ausbruch der Feindseligkeit gefasst sein und versuchen, geistesgegenwärtig vorzubeugen oder abzulenken. Indessen mussten diese gefährlichen Ausflüge bald wieder aufgegeben werden. Der Bruch war infolge von Frau Wanners Abneigung, ja Hass, unheilbar. «Möchten Sie ihn haben?», fragte sie mich streng, als ich ihr wieder einmal gut zugeredet hatte. Da ich ehrlicherweise nicht behaupten konnte, ich möchte ihn haben, hielt sie sich für gerechtfertigt.

Liebe Frau Wanner! Dass sie Frau eines Gymnasiallehrers und Tochter eines Herrn Schoch war, der im Appenzellerland, ich glaube in Trogen, eine viel besuchte Erziehungsanstalt geleitet hatte, überraschte mich sehr, als ich es erfuhr; ich hatte sie für eine Frau aus dem Volke gehalten. Ihr Gesicht war schmal und feingeschnitten, aber es tat ihrem guten Aussehen Abbruch, dass ihre Haut infolge von häufigem Biergenuss fleckig gerötet war. Sie hatte sich, wie ich glaube, das Biertrinken dadurch angewöhnt, dass sie es für die bequemste Art der Ernährung hielt. Für ihre Kinder sorgte sie gut, soweit ich es beurteilen konnte, wenn auch vielleicht etwas summarisch. Sie hatte einen guten Verstand und war nach Appenzeller Art immer mit witziger Rede bei der Hand; gegen die, welche sie nicht leiden mochte, konnte sie scharf, sogar grausam sein.

Zu diesen gehörte ein Landsmann von ihr, der schon längere Zeit bei ihr wohnte, Oskar Kellenberg. Er studierte die Rechte und ließ sich dabei mehr Zeit als üblich, da er vermutlich dachte, er werde lange genug in Walzenhausen oder sonst wo im Appenzellerland Fürsprech sein und wolle einstweilen die Studienjahre in Zürich gründlich auskosten. Frau Wanner, die Raschheit und Tätigkeit liebte, rechnete ihm das als Trägheit an, umso mehr, als er spät aufzustehen pflegte. Immerhin hatte sie ihn mit leidlich guter Miene geduldet, bis er sich in mich verliebte. Die glücklichen Zwanzigjährigen! Ein magisches Rosenlicht umspielt sie und berückt die davon angehaucht werden. An diesem Frühlingszauber hatte ich damals teil und nahm als etwas Selbstverständliches, ja fast ohne es zu merken, hin, dass man mir Liebe entgegenbrachte; war ja auch mein Herz empfänglich für alles, was ich sah und erlebte. Frau Wanner hatte es im Allgemeinen gern, wenn ein junger Mann mich verehrte, und sagte dann mit Heranziehung eines Ausdrucks, der in Zürich von dem jungen, in Gärung befindlichen Wein, dem Sauser, gebräuchlich ist: Er ist im Stadium oder er ist im Ricarda-Stadium. Es erfüllte sie mit Befriedigung wie eine ihr selbst dargebrachte Huldigung, solange ich mir aus dem Betreffenden gar nichts machte. Nun erwiderte ich zwar Kellenbergs Neigung nicht, hatte ihm auch gesagt, dass ich gebunden sei und ihn keinesfalls heiraten werde; aber ich konnte ihn gut leiden, unterhielt mich mit ihm über manche Dinge, die Frau Wanner nicht interessierten, und nahm es gern an, wenn er mich sonntags auf größeren Ausflügen begleitete, die ich allein nicht hätte unternehmen können. Dadurch wurde ihre Eifersucht gereizt, sie fasste einen immer lebhafteren Widerwillen gegen ihn und verfolgte ihn mit spitzigen Bemerkungen, die ihn zum Ausziehen veranlassen sollten. Dass er sich mit stoischer Gleichgültigkeit gegen ihre Pfeile panzerte und tat, als fühle er sie gar nicht, brachte sie umso mehr gegen ihn auf.

Wenn Frau Wanner anderen meinen Fleiß als Vorbild anpries, so durfte ich das Lob als wohlerworben betrachten. Ich pflegte spätestens um sieben Uhr aufzustehen; oft spielte mir Frau Wanner dann einen Walzer – stramm aufrecht in der Haltung einer eifrigen Schülerin saß sie am Klavier –, und ich tanzte dazu. Dann arbeitete ich mit kurzen Pausen bis Mitternacht. Ich hatte mir ein Jahr gesetzt, um mich auf die Maturitätsprüfung vorzubereiten, und musste mich anstrengen, wenn ich das Ziel erreichen wollte. Nicht nur, dass ich von Latein und Mathematik noch gar nichts wusste, ich musste auch in allen übrigen Fächern meine Kenntnisse von Grund aus aufbauen. Zum Beispiel hatte ich viel gelesen, kannte *Don Carlos, Wallenstein, Faust* zum Teil auswendig; aber ich wäre nicht imstande gewesen, von diesen Dramen oder irgendeinem anderen eine ausreichende Inhaltsangabe zu machen. Für das Tatsächliche hatte ich überhaupt nicht viel Sinn. Bei dem mir angeborenen Hang für die Historie hatte ich ziemlich viel Geschichtswerke gelesen; aber ich liebte die Geschichte als den farbigen Strom des Geschehens, aus dem große Persönlichkeiten auftauchten, die ich kämpfen und siegen oder unterliegen sah, als den Stoff, in den meine Fantasie hineingriff, um ihn dramatisch zu gestalten, und merkte mir nur, was mich in Bezug darauf interessierte; viel zuverlässige Kenntnisse hatte ich nicht. Alles, was ich etwa wusste, langte nicht, um Examensfragen zu beantworten. Sogar in Hinsicht auf moderne Sprachen, in denen ich guten Unterricht gehabt hatte, musste mindestens das Gedächtnis wieder aufgefrischt werden.

Im Lateinischen unterrichtete mich ein Professor am

Gymnasium, ich glaube, er hieß Walder, ein etwas humorloser, griesgrämlicher Mann, der mit Misstrauen an die Sache heranging, weil er nicht glaubte, das erforderliche Pensum werde sich in so unverhältnismäßig kurzer Zeit bewältigen lassen; als er sah, dass ich schnell Fortschritte machte, wurde er freundlicher und hatte schließlich wohl annähernd so viel Freude an den Stunden wie ich. Vor der Mathematik hatte ich mich gefürchtet: Ich bildete mir ein, das sei etwas, was nur Männer könnten. Leider habe ich den Namen des jungen Mannes, eines Seminaristen, vergessen, der mich in Algebra, Geometrie, Physik, kurz, in allen mit der Mathematik zusammenhängenden Fächern unterrichtete. Er besaß die Gabe, sich in die Geistesverfassung eines völlig Unkundigen hineinzuversetzen und beantwortete mit Geduld und Klugheit die vielen Fragen, die ich stellte, bis ich die Art des mathematischen Denkens erfasst hatte. Dann ging es auf einmal spielend, und ich arbeitete auf diesem Gebiet, von dem ich alles ganz und gar bis auf den letzten Zipfel vergessen habe, mit besonderer Vorliebe. Naturwissenschaftlichen Unterricht hatte ich bei Herrn von Beust. Der Vater der Brüder Beust war ein 48er-Flüchtling gewesen und hatte in Zürich eine Schule nach damals neuen Grundsätzen eingerichtet, die gut besucht wurde. Nach seinem Tode führte der eine Sohn sie weiter, eben der, bei welchem ich Stunden nahm. Er war ein stattlicher blonder, unverheirateter junger Mann; wenn ich kam, öffnete mir jedes Mal seine Mutter die Tür, rücksichtsvoll ihre Gegenwart andeutend.

Ich war damals voller Arbeitslust und Arbeitskraft. Ich hatte seit meiner Schulzeit etwa acht Jahre lang nichts Ernstliches getan, nun war ein Drang in mir, große Aufgaben zu bewältigen. Allerdings bediente ich mich unwillkürlich des Kunstgriffes, mit den verschiedenen Fächern, die ich zu bearbeiten hatte, häufig abzuwechseln. Dann gab es hie und da, auch abgesehen vom Mittagessen, eine Pause. Am Nachmittag tobte ich ein Stündchen mit Max und Paul, den beiden Kleinen. Zu meiner Entlastung erfand ich ein Spiel, bei dem ich mich etwas ausruhen konnte; ich legte mich flach auf den Boden und regte mich nicht, die beiden Buben sprangen um mich herum und über mich weg, wobei sie riefen: Fräulein Huch ist tot! Fräulein Huch ist tot!, bis ich mich plötzlich aufrichtete, nach ihnen griff und sie schreiend davonliefen. Dabei hatte ich den Vorteil, dass ich unvermerkt den Dialekt lernte, denn mein Hochdeutsch verstanden sie nicht; ob ich Englisch oder Französisch spräche, hatten sie ihre Mutter gefragt. Gegen Abend schlenderte ich manchmal allein oder mit Frau Wanner auf die Hohe Promenade, den letzten Rest der alten Bastei, wo wir das Abendlicht die Schneeberge färben sahen. Nur selten trafen wir dort einen Spaziergänger, der wie wir, an den grünüberwachsenen Gräbern eines alten Friedhofs vorüberwandelnd, den Feierabend genoss. Auch größere Ausflüge unternahm ich mit Frau Wanner; besonders gern erinnere ich mich einer Reise in ihre Heimat, wobei wir die Ebenalp und das Waldkirchlein besuchten. Die Alpenrosen, die gerade blühten, überzogen den Boden mit einem krausen, rostroten Teppich; ich war von diesem Anblick, der mir neu war, hingerissen. Auf der Ebenalp fand auf einem hölzernen Tanzboden ein ländlicher Tanz statt. Aufgefordert, mich zu beteiligen, war ich gern bereit und tanzte so ausgiebig mit, dass meine Strümpfe am Schluss vollständig durchgetanzt waren. In dem ersten Winter, wo ich noch wenig Menschen kannte, ging ich oft weite Wege allein, besonders am See entlang, der dunkel unter wogenden Nebeln starrte, und das waren besonders glückliche Stunden ahnungsvoller Träumereien. Einige Jahre später wurde eine meiner Freundinnen auf dem Wege zur Trichterhauser Mühle überfallen und nur durch das zufällige Daherkommen eines kleinen Jungen gerettet. Dadurch wurde mir die Gefahr einsamer Spaziergänge klar, und ich verlor den Mut dazu, womit ich allerdings einen unersetzlichen Genuss aufgab.

Zu Frau Wanners Hause gehörte ein Gärtchen mit einer Laube, in der ich mich, seit es warm wurde, fast den ganzen Tag aufhielt. Bei mir hatte ich ein winziges, schwarzweißes Kätzchen; wie ich in seinen Besitz gekommen war, weiß ich nicht mehr. Es war das hübscheste Kätzchen, das man sich denken kann, und hieß Fritz, doch verschwand der offizielle Name über die vielen Zärtlichkeitsbenennungen, die ich meinem Liebling gab. Die Liste von Fritzens hundert Kosenamen, die ich einmal aufstellte, betrachtete Frau Wanner mit lächelnder Nachsicht. Da in meinem Zimmer Mäuse waren, was man bei dem herrschenden Wirtschaftsbetrieb natürlich finden wird, und ich auch Mäuse gernhatte, band ich meinem

Fritz ein Glöckchen um, das seine Gegenwart zeitig anmeldete und die Bedrohten warnte; auf diese Weise konnte ich Katz und Mäuse nebeneinander haben. Einen grimmigen Gegner hatte meine Katze an Herrn Wanner, dem sie zuweilen den Wurstvorrat entwendete, mit dem der bedauernswerte Mann sich ernährte. Frau Wanner wollte sich in solchen Fällen totlachen. «Der Wurstlackel ist im hellen Zorn abgezogen», jubelte sie, «er hat nichts mehr zu essen.» Ich erhielt dann ein Billett von ihm voll scharfer Ausfälle gegen mein Fritzli, das ich mit höflichen Entschuldigungen und Wiedererstattung des Geraubten beantwortete. Seit die Sonntagsspaziergänge aufgehört hatten, sah ich ihn selten mehr. Der Scheidungsprozess war im Gange, aber die immer wieder erneuten Versöhnungsversuche vor dem Friedensrichter zogen ihn sehr in die Länge.

Eine besonders sympathische Erscheinung meines ersten Zürcher Jahres war ein Freund Kellenbergs, den ich durch ihn kennenlernte, Alexander Wettstein, Sohn des Seminardirektors von Küsnacht. Er war in jeder Art von Sport geübt, die damals betrieben wurde, auch im Segeln, und als er hörte, dass ich noch nie gesegelt sei, wünschte er, mich dies Vergnügen kennen zu lehren. Das Rudern hatte ich bereits gelernt und ruderte oft abends auf dem See, der nur selten durch einen Dampfer, noch gar nicht durch die sogenannten Schwalben beunruhigt wurde; dort war man allein mit den Bergen und dem Abendrot. Wir gingen zu dritt zu einer der Stellen, wo Boote vermietet wurden, und Alexander nahm eins, um selbst das weiter draußen liegende Segelschiff herbeizuholen. Ungeduldig sprang er dabei zu kurz und fiel ins Wasser; wir traten sofort den Heimweg an, damit er sich trocknen konnte, und es ist nie zu einer Segelfahrt gekommen. Dagegen wurde eine gemeinsame Besteigung des Glärnisch ausgeführt, eine herrliche, freudenvolle Fahrt, auf der die Alpenblumen leuchteten und noch mehr die flinken, blanken schwarzen Bergsalamander mich entzückten. In der Hütte unterhalb der Spitze wurde übernachtet. Wir schliefen auf Strohsäcken, und meine beiden Begleiter waren brüderlich besorgt, dass ich bequem lag und gut zugedeckt war. Beim Abstieg zeigte sich, dass ich an Schwindel litt; an einer besonders ängstlichen Stelle verließ mich der Mut, ich wagte mich weder vorwärts noch rückwärts. Alexander Wettstein, der selbst das Führerexamen gemacht hatte, kam mir nicht zu Hilfe, sondern rief mir zu: «Sie müssen allein weitergehen, und Sie können es auch!» Da mir nichts anderes übrigblieb, biss ich die Zähne zusammen und konnte es wirklich. Unter Scherz und Gesang ging es in großen Sprüngen zu Tal.

Während der kurzen Zeit unserer Bekanntschaft besuchte Wettstein uns nie, ohne mir etwas mitzubringen, etwa eine schöne Blume oder einen seltenen Stein, und einmal war es eine kleine Schildkröte. Einsperren mochte ich sie nicht, und die Freiheit des Gartens missbrauchte sie zur Flucht. Eines Tages, es war, wenn ich mich recht erinnere, im Juli, kam Alexander mich fragen, ob ich mit auf die Jungfrau wollte; er und fünf seiner Bekannten hätten vor, in den nächsten Tagen den Aufstieg zu machen. Es ist fast verwunderlich, dass er mir so viel zutraute, da er wusste, dass ich nicht schwindelfrei und überhaupt, wenn auch kräftig und gelenkig, doch ungeübt war; er mochte denken, dass er mir aushelfen könnte, wo ich etwa versagte. So verlockend die Aufforderung war, glaubte ich doch, sie ablehnen zu müssen, denn ich sagte mir, dass ich für sechs junge Männer, die alle bis auf einen erprobte Bergsteiger waren, eine Hemmung bedeuten würde. «Was soll ich Ihnen mitbringen?», fragte er beim Abschiednehmen. «Ein Murmeltierchen», sagte ich. Als das entsetzliche Unglück geschah, war ich nicht in Zürich, ich kam erst einige Tage nachher von einer kleinen Ferienreise zurück. Alle sechs waren eine kurze Strecke unterhalb des Gipfels abgestürzt und tot. Zum Verhängnis war ihnen die Ungeübtheit des einen der Teilnehmer geworden, hauptsächlich aber ein plötzlich eintretender Umschwung des Wetters. Gegen einen eisigen Schneesturm ankämpfend, erreichten sie die Spitze des Berges, rasteten dort und traten am folgenden Morgen erschöpft und erstarrt den Abstieg an. Unglücklicherweise waren sie, vermutlich wegen der Unzulänglichkeit des einen von ihnen, untereinander angeseilt, sodass sie, als einer ausglitt und stürzte, alle verloren waren. Die Schweizer Zeitungen beschäftigten sich viel mit dem Ereignis, das mehrere Familien in Trauer versetzte; einer von den sechsen war verheiratet. Von geistlicher Seite wurde das leichtfertige Aufsspielsetzen des Lebens getadelt; doch konnte man insofern nicht von

Leichtsinn sprechen, als mehrere der Verunglückten das Bergführerexamen gemacht hatten. In den Berichten wurden alle Gegenstände angeführt, die die Taschen und Rucksäcke der Toten enthielten; mit tiefer Bewegung las ich, dass bei Alexander Wettstein, in ein seidenes Tuch eingewickelt, ein Murmeltier gefunden war.

Mein Aufenthalt bei Frau Wanner nahm dadurch ein Ende, dass ich von irgendeiner Seite an den Professor der Theologie, Fritzsche, empfohlen war und seine Damen mich aufsuchten. Sie fanden, dass ich nicht passend untergebracht sei, und redeten mir dringend zu, die Wohnung zu wechseln, bis ich nachgab. Auch konnte ich mir nicht verhehlen, dass die Verhältnisse im Hause sich immer mehr auflösten. Doch verließ ich ungern Frau Wanner, das Gärtchen, die Gemeindestraße und den Zeltweg, an dessen Häusern ich manches Mal am späten Abend den alten Gottfried Keller, klein und gebückt, für mich eine große, verehrte Gestalt, hinstapfen sah. Sehr schmerzlich war es mir, dass ich mich auch von meinem Kätzchen trennen musste. Ich nahm es in einem verdeckten Korbe mit in die Dufourstraße, aber es entkam mir und langte nach zwei oder drei Tagen ausgehungert und verschmutzt wieder in der Gemeindestraße an. Wohl nahm es Frau Wanner liebevoll auf, konnte aber nicht verhindern, dass der älteste Sohn, die Abneigung des Vaters teilend, es erschoss. Vielleicht war es besser für das arme Tier, das, von seiner Liebe zu mir und der unüberwindlichen Anhänglichkeit an das Haus hin- und hergerissen, nirgends mehr Ruhe fand. Frau Wanner kam später, nachdem sie geschieden war, unter den Einfluss von Temperenzlern, entsagte dem Trinken und wurde ordentlich; doch war ich, als sich diese Umwandlung vollzog, nicht mehr in Zürich. Etwa fünfundzwanzig Jahre später überraschte und erfreute mich ein Brief ihres jüngsten Sohnes Paul, der in Italien lebte, ich glaube als Buchbinder, Frau und Kinder hatte und glücklich war. Er erinnerte sich noch lebhaft, wie er mir schrieb, der Zeit, wo ich im Garten der Gemeindestraße mit ihm und seinem Bruder spielte.

Dank meines guten Unterrichts und meines Fleißes wurde mir das Examen leicht. Die meisten Prüflinge waren schlecht vorbereitet, da das Maturitätsexamen für leicht galt, viele gingen auf gut Glück, fast ohne Kenntnisse hinein. Ich stellte bei den schriftlichen Arbeiten eine Art Nachrichtenbüro vor, das nach allen Seiten die Bedürftigen bediente. Bei einem Examen geht es gewöhnlich so, dass, wenn der erste Tag gut verlaufen ist, die günstigen Ergebnisse sich wie von selbst steigern: Die Zuversicht der Geprüften wächst und ebenso die günstige Stimmung der Prüfenden, es bildet sich zwischen ihnen eine Atmosphäre des Erfolges. So ging es damals mir: Die Zeit verging mir wie ein Fest. Als das Ergebnis mitgeteilt wurde, verkündete Professor Blummer, der derzeitige Rektor, dass ein Examinand in allen Fächern die erste Note bekommen habe, was seit Jahren nicht vorgekommen sei.

In mein erstes Semester fiel die Bekanntschaft mit einem Studenten, der eben vom Gymnasium kam und

Nationalökonomie studieren wollte. Er hieß Hans Müller und war ein Mecklenburger aus guter, wohlhabender Familie, hatte sich aber den Unwillen seines Vaters zugezogen, weil er Sozialdemokrat war. Das bedeutete für die damalige Bourgeoisie ungefähr dasselbe, wie Verbrecher zu sein. Ich wusste nicht viel von sozialistischen Theorien, aber ich war für die Richtung eingenommen, die das Los der Arbeiter, also der ärmsten und rechtlosen Klasse, verbessern wollte. Überhaupt hatte ich eine unwillkürliche Neigung zum Revolutionären. Das Legitime war mir verdächtig, die Worte Freiheit und Rebell hatten einen wundervoll drommetenhaft erschütternden Klang für mein Ohr. Ich ließ mich also leicht von Hans Müller bereden, mit ihm ein Kolleg zu besuchen, das für viele junge Deutsche eine besondere Anziehungskraft hatte: Professor Platter las über Sozialismus. Ich war keine eifrige Hörerin und verstand nicht viel von dem, was er vortrug; aber die Zusammensetzung der Zuhörerschaft interessierte und belustigte mich. Es waren mehr Ausländer als Schweizer, darunter verschiedene Deutsche, die später eine Rolle in der Sozialdemokratischen Partei gespielt haben. Diese verkehrten meist in einem Lokal, das die «Kaffeeklappe» genannt wurde; ich lernte sie nur aus Erzählungen von Hans Müller kennen. Zu seinen näheren Bekannten gehörte Karl Henckell, der kurz vorher ein Bändchen sehr anmutiger Gedichte herausgegeben hatte. Er besang darin Erika Wedekind, die Tochter eines im Lenzburger Schlosse wohnenden Niedersachsen, Schwester des später berühmten und berüchtigten Frank.

Schon zu jener Zeit gingen allerhand eklatante Anekdoten über ihn um. Eines Verses von Karl Henckell erinnere ich mich, der oft mit Vergnügen angeführt wurde! Das wird die Ochsen kränken – Im Stall Germania – Die Mädchen auf den Bänken – der Wissenschaft: Hurra! Manche von seinen Gedichten hatten etwas Seelenvolles, Taufrisches, Witziges, das er später nicht wieder erreicht hat.

Die Spur, die die Berührung mit den jungen Sozialdemokraten bei mir hinterließ, geriet poetisch und historisch! Ich schrieb eine Komödie, die ich zur Zeit der Dreißig Tyrannen in Athen spielen ließ. Ich bedaure, dass sie mir verlorengegangen ist, denn es ging toll und bunt darin zu. Nur daran erinnere ich mich, dass ein Sykophant darin vorkam, der so viel log, dass er, um sich zurechtzufinden, zwei Täfelchen bei sich trug; das eine enthielt die wirklichen Tatsachen, das andere, wie er sie zum Zweck seiner Angebereien umgelogen hatte. Diese Figur gab Anlass zu grotesk komischen Szenen, die mir viel Spaß gemacht haben. Hans Müller, der schlanke, idealistische Junge, ging im nächsten Semester nach Genf, hat verschiedene Entwicklungsstufen durchgemacht und ist nach einem wechselvollen Leben, das er teils in Deutschland, teils in der Schweiz verbrachte, mit seinem Vater völlig versöhnt, in Zürich einheimisch geworden.

Das Kolleg bei Platter war nur ein Seitensprung; in meinem eigentlichen Fach, der Geschichte, war ich regelmäßig und aufmerksam. Am meisten kam für mich Professor Meyer von Knonau in Betracht, eine charakteristische Erscheinung, der im Vortrag und in der Gebärde eine schnörkelhaft gewundene Linie hatte, die wir gotisch nannten. Sein Kolleg befriedigte durch den Eindruck von Vollständigkeit und Gediegenheit. Georg von Wyß, bei dem ich Schweizer Geschichte hörte, wurde noch vielfach nach dem aristokratischen Titel Junker Wyß genannt. Mit seiner untersetzten Gestalt, seinem buschigen weißen Haar über dem geröteten, etwas holzschnittartig grob geformten Gesicht war er äußerlich nicht gerade anziehend; aber er bezauberte mich. Seine Haltung hatte etwas vom Ancien Régime, eine Würde, die ihrer selbst zu sicher ist, um nicht auch alles andere, sei es das Geringste, gelten zu lassen. Es ließ sich annehmen, dass der alte Mann, der konservative Aristokrat, nicht für das Frauenstudium eingenommen war; aber er behandelte mich stets mit respektvoller Freundlichkeit und ebenso eine andere Studentin, Bulgarin oder Rumänin, obgleich die Balkanvölker nicht beliebt in der Schweiz waren und das betreffende Mädchen wohl auch weniger zum Studium ein Kolleg besuchte, als um sich an deutschen Vortrag zu gewöhnen. Allerdings trug auch ich zunächst keinen Gewinn von seinen Stunden. Er las gerade über die Bündner Wirren im 17. Jahrhundert, eine sehr verwickelte Geschichte, zu deren Verständnis mir alle Vorkenntnisse fehlten; es war für mich meist ein sinnloses Durcheinander. Junker Wyß gab fast nichts anderes als Tatsachen; die Kenntnis des allgemeinen Hintergrundes setzte er wohl voraus und ermöglichte seinen Schülern, die Einzelheiten nach der strengsten neuesten Forschung zu berichtigen. Ein begleitendes Lächeln deutete zuweilen seine Einstellung zu den Vorfällen an.

Sehr viel gab mir ein Kolleg von Professor Oechsli über die Schweizer Verfassung. Oechsli war im Gegensatz zu Meyer von Knonau und Junker Wyß Demokrat, ein offener, liebenswerter Mensch. Seine Vorlesung erweckte in mir das Interesse für Verfassungsgeschichte, womit ich mich während meiner Studienjahre hauptsächlich beschäftigt habe. Bis dahin hatte ich vom Wesen der Verfassung, von der Gliederung des Volkes, der Machtverteilung, dem Maße von Freiheit, Verantwortung und Gebundenheit nur eine oberflächliche Vorstellung gehabt. Ebenso wichtig wurde mir ein Kolleg bei Rahn über Gotik, in dem ich das beglückende Gefühl wesentlicher Belehrung und Bereicherung genoss. Rahn trug höchst klar und anschaulich vor. Ich begriff erst jetzt, dass Gebäude nicht schlechtweg nach jeweiligem Geschmack errichtet werden können, sondern dass ihr Zweck und statische Gesetze die Bedingungen sind, mit denen der Bauwille sich auseinandersetzen muss innerhalb der Formenwelt, die er vorfindet.

Sachlich sehr wenig hatte ich von demjenigen Professor, der mich persönlich am meisten interessierte: Ich meine Salomon Vögelin. Ich hörte bei ihm ein Kolleg über Schweizer Humanisten und nahm an einem Seminar teil, wo über Holbein gearbeitet wurde, das in seinem schönen alten Hause an der Bahnhofstraße gehalten wurde; es ist längst abgerissen. Einmal führte Vögelin das Seminar nach Basel, um die dort befindlichen Bilder von Holbein zu zeigen. Mir kamen damals altdeutsche Bilder noch schlechtweg hässlich vor. Von der Schönheit der Holbeinschen begann ich zwar etwas zu ahnen, besonders starken Eindruck machten mir die Zeichnungen zu den Orgelflügeln des Basler Münsters, aber liebevollere Blicke warf ich doch im Vorübergehen auf die Gemälde von Böcklin. Im Ganzen war ich für die Vorlesungen von Vögelin nicht genügend vorbereitet, und doch glaube ich gerade von ihm etwas vernehmen zu müssen, was mich besonders anginge. In seinem sehr markanten Gesicht war etwas Schwermütiges, etwas Zweifelndes und Problematisches, das mich beschäftigte; dazu kam, dass mit einer gewissen Zurückhaltung von ihm gesprochen wurde, als sei etwas Anstößiges an ihm, was besser verschwiegen bleibe. Mein erstes Semester war das letzte, in dem er las; er war schon schwer krank und ist bald darauf gestorben.

Professor Alfred Stern las über Neuere Geschichte. Ich hörte bei ihm ein Kolleg über die Orientalische Frage, die mir ziemlich gleichgültig war und blieb, obwohl er frei und außergewöhnlich gut sprach. Er war ein Schüler von Ranke und hatte von dessen Art, wie man sagte, etwas angenommen. Ausgezeichnet war sein Seminar. Er legte uns darin ein zur Zeit der Französischen Revolution anonym erschienenes Buch vor, dessen Verfasser herauszufinden war, und verstand es, uns zu lebhafter Beteiligung anzuregen. Sein bester Schüler war ein Bulgare, Boris Minzés, dessen leidenschaftlicher Eifer sich in seinem unschönen, aber kräftigen, auffallenden Gesicht ausprägte. «Der wird einmal Minister», sagte der Professor von ihm. Vielleicht hat nur sein früher Tod verhindert, dass die Prophezeiung wahr wurde; er ist als Professor in Sofia gestorben.

Bei Professor Stern und bei Meyer von Knonau durfte ich gesellschaftlich im Hause verkehren. Meyer von Knonau war mit einer Deutschen, einer feinen und liebenswürdigen Frau, verheiratet; Kinder hatte er nicht.

War ich aus der Orientalischen Frage nicht mit bereichertem Wissen hervorgegangen, so brachte mir diese Vorlesung einen andern, viel schätzbareren Gewinn. Sie war ihres aktuellen Inhalts wegen von Studenten aller Fakultäten besucht, so auch von einer mir befreundeten Medizinerin, die neben mir saß. Eines Tages erzählte ich ihr, ehe der Professor erschien, dass ich zwei Feuersalamander geschenkt bekommen habe, reizende Geschöpfe, die ich sehr liebe, von denen ich aber den Eindruck habe, sie fühlten sich nicht wohl bei mir, und dass ich befürchte, ich ernähre sie nicht richtig. Meine Nachbarin wusste mir keinen Rat zu geben, indessen griff eine vor oder hinter uns sitzende Studentin in das Gespräch ein und sagte, ich müsse den Feuersalamandern Regenwürmer geben. «Woher soll ich denn Regenwürmer nehmen?», sagte ich. «Ich habe keinen Garten.» Die fremde Studentin, die, wie ich bald erfuhr, Marianne Plehn hieß und Zoologie studierte, weshalb sie auch so gut Bescheid wusste, sagte mit nachsichtiger Freundlichkeit, sie wolle mir wohl Regenwürmer bringen. Sie hielt Wort, was, nebenbei bemerkt, nicht gehindert hat, dass die Feuersalamander fortfuhren, sich so wenig wohl bei mir zu fühlen, dass sie zu meinem Schmerz starben. Bei Gelegenheit einer Würmerspende sagte Marianne Plehn zu mir, ich möchte nun auch sie besuchen und ihre Kaulquappen kennenlernen. Sie bewahrte diese, deren komisches Aussehen mich entzückte, in einem großen Glasgefäß und rühmte sich, sie so abgerichtet zu haben, dass sie auf ein Klopfzeichen an der Oberfläche des Wassers auftauchten. Dass ich ihre Dressurkunst gläubig bewunderte, machte ihr viel Vergnügen. So begann eine Freundschaft, die mich durch das ganze Leben begleitet und es verschönt hat.

Marianne hatte eine entschiedene, knappe Art, sich auszudrücken und hielt sich sehr gerade; der letztere Umstand war es wohl, der bewirkte, dass ich sie jahrelang für größer als mich gehalten habe, während das Gegenteil durchaus der Fall ist. Überhaupt schenkte ich ihr unbedingtes Vertrauen; wenn uns auf dem See ein Wetter überraschte, war ich unbesorgt, wenn sich auch schon Schaumkrönchen auf den Wellen bildeten, solange ich Marianne unbekümmert sah; erst wenn ihr Gesicht sich in ernste Falten zu legen schien, glaubte ich, dass Gefahr im Anzuge sei, und legte mich nachdrücklich in die Ruder.

Meine neue Freundin stammte von einem Gut in Westpreußen, das Lubochin heißt, an dem sie sehr hing, und von dem sie oft erzählte: von dem Garten voll Blumen, der das Haus umgab, in dem zahme Kraniche und zahme

Füchse ihr Wesen trieben, von den Äckern, Gehölzen und einsamen Wäldern, die sich daran schlossen, und dem dunklen, lautlos dahineilenden Schwarzwasser, das sie begrenzte. Ich stellte mir zuhörend gern den unbekannten Osten vor, die Ebenen, wo einst die deutschen Ritter mit den heidnischen Preußen und später mit den Polen gerungen hatten, die breite Weichsel, die sie durchströmte, von der ich mir einbildete, dass sie der Wolga ähnlich sei, an das unabsehbare Russland gemahnend. In Bezug auf die Verbreitung der Familie Plehn in Westpreußen gab es folgende Anekdote: Als Napoleon durch jene Gegend fuhr und auf Erkundigung, wem dies und jenes Gut gehöre, immer den Namen Plehn hörte, sagte er: «cette plaine est pleine de Plehn.»

In einem anderen historischen Kolleg kam ich neben ein flinkes zierliches Persönchen zu sitzen, die mir durch ihre schönen sprechenden Augen und ihr schwarzlockiges Haar auffiel, was zusammen ihr ein feurig trotziges Aussehen gab. Hedwig Waser, die einer altberühmten Zürcher Familie angehörte, war Germanistin. Ich hatte damals Visionen meiner künftigen Dichtungen, die von dem in Deutschland herrschenden Geschmack ganz abwichen. Man ist wohl in der Jugend auf dem Gebiet sehr ausschließlich, wo man selbst schöpferische Begabung fühlt, und man etwas bilden möchte, dessen Wesen einem unverrückbar feststeht, wenn man auch die Umrisse erst ahnt. Dem modischen Naturalismus, der die Wirklichkeit des Alltags möglichst schonungslos darstellen und ihre Wurzeln im Menschen und seiner Umwelt aufdecken wollte, war ich so feind, dass ich auch für das Bedeutende innerhalb dieser Richtung, so für Ibsen, für den die Jugend schwärmte, kein Verständnis hatte, noch haben wollte. Das allgemein mit Beifall aufgenommene Jugendwerk Max Halbes *Jugend* lehnte ich durchaus ab. Über derartige Fragen sprach ich viel mit Hedwig Waser, die sich immer mit Klugheit und Feuer äußerte; das gemeinsame Interesse verband uns neben der persönlichen Sympathie, und wir befreundeten uns rasch. In meiner Erzählung «Haduwig im Kreuzgang» entstand ihr und zugleich der Großmünsterschule ein kleines Gedenkzeichen.

Von meinen Kollegen sind mir nur noch einige Namen in Erinnerung: Hoppeler, ein lustiger Bursche, der, wenn ich nicht irre, etwas verlotterte und früh gestorben ist; v. Jäcklin, ein Bündner; Haffter, dessen Dissertation über Georg Jenatsch ich noch besitze. In nähere Beziehung trat ich zu meiner einzigen Kollegin, einer sehr sympathischen Norwegerin mit blonden Haaren und feinem, klugem Gesicht, Mathilde Wergeland. Sie sprach gut Deutsch, nur dass sie, wenn sie in Eifer geriet, was im Seminar nicht selten vorkam, alle mit du anredete, Professoren und Studenten nahmen es mit beifälligem Lächeln auf. Sie sprach mir zuweilen ihre Nationalhymne vor: O mein felsiger Nord, so etwa begann sie und klang stolz und urgewaltig in norwegischer Sprache. Einmal, als wir in größerer Gesellschaft zusammen waren, kam Mathilde Wergeland auf den Einfall, wir sollten den Berliner Kongress vorstellen. Sie verteilte die Rollen; ob sie selbst oder wer sonst Bismarck agieren musste, habe ich vergessen. Mir wies sie entweder Disraeli oder Andrassy zu, ich glaube mehr wegen meines kurzen gelockten Haars als wegen innerer Verwandtschaft. Ich hatte mir, bevor der Gedanke an das Studium auftauchte, die Haare abschneiden lassen, weil ich mit den vielen, die ich hatte, nichts anzufangen wusste, und sie mir eher unbequem waren. Zu Beginn der Studienzeit ließ ich sie wieder wachsen, weil es unter uns Studentinnen Grundsatz war, uns in keiner Weise von anderen jungen Mädchen zu unterscheiden. Damals galt es bei vielen noch für unweiblich, zu studieren; es sollte deshalb jede als männlich zu deutende Note in der äußeren Erscheinung und im Auftreten vermieden werden. Frau Wanner war über die Veränderung, besonders in der schwierigen Übergangszeit, entrüstet. «Früher sahen Sie aus wie der junge Goethe», sagte sie, «jetzt sehen Sie aus wie eine Zigeunerin». Ich nchme an, dass das Letztere so übertrieben wie das Erste gänzlich unzutreffend war.

Am nächsten stand mir in den ersten Jahren Salomé Neunreiter, eine Elsässerin, die Medizin studierte, also in den Vorlesungen nicht mit mir in Berührung kam. Sie hatte ein unregelmäßiges Gesicht, das dunkle Augen, in denen es oft heiß aufflammte, anziehend machten; sie war klug, tätig, tüchtig und sehr temperamentvoll. Ihre Mutter war eine wohlhabende Geschäftsfrau und ermöglichte ihrer Tochter, einen eigenen Haushalt in einer kleinen Wohnung zu führen, was sonst unter Studentinnen kaum vorkam. Ihr Mädchen, das für sie kochte, ließ sie mit am Tisch essen, eine demokratische Geste, die mir neu war und mir gut gefiel. Bei unseren gemeinsamen Ausflügen hatte sie manches Mal Gelegenheit, ihr Temperament und ihre Unerschrockenheit zu betätigen. Einmal schlug sie an einem Vagabunden, der uns in einsamer Gegend begegnete und belästigte, ihren Sonnenschirm entzwei. Ein anderes Mal entrüstete sie sich über eine Schar wilder Buben, die, ich weiß nicht mehr, was angestellt hatten, und hielt ihnen eine pathetische Strafrede; als sie bei der Stelle ankam: «Ihr Schande eurer Eltern», kamen wir beide so ins Lachen, dass die Ansprache damit ein Ende nahm. Auf der Heimfahrt von einem Ausflug am Sonntagabend in der dritten Klasse gerieten wir einmal zwischen angetrunkene Männer, die sehr zudringlich wurden, und unsere Lage wurde doppelt peinlich, als der Schaffner, dessen Hilfe wir anriefen, zu den Männern hielt, anstatt uns beizustehen. Salomé gelang es doch, sie in Schranken zu halten, während ich meine Angst und meinen Widerwillen kaum verbergen konnte. Ich machte gelegentlich ein Gedicht auf sie, das anfing: Tapfer und behende – lebensaufwärts klettert Salomé – Ihre kleinen Hände – können wohltun, doch auch weh. Mir tat sie im Allgemeinen nur wohl, wenn nicht gerade ihre leicht empfindliche Eifersucht gereizt wurde. Da ich etwas kurzsichtig war, pflegte sie mich, wenn wir uns entgegengingen, eher zu erkennen, als ich sie sah, und wenn dann mein Gesichtsausdruck sich nicht gleichzeitig in den des freudigen Begrüßens verwandelte, fühlte sie sich dadurch verletzt. Salomé sprach nicht nur, wie sich von selbst versteht, Deutsch und Französisch, sondern auch Englisch fließend. Sie verkehrte viel mit zwei älteren, in Freundschaft verbundenen Damen, einer Deutschen und einer Engländerin, bei denen sie mich einführte. Ich liebte besonders die weißhaarige, umfangreiche Miss Davies, die heiter und humorvoll war; aber das dunkle, ernste Fräulein Schottbey war nicht weniger sympathisch.

Was Salomé und mich außer der persönlichen Zuneigung verband, war unser gemeinsames Werk, der *Rachedolch*. Unter den Professoren, bei denen Salomé hörte, war einer, der Gynäkologe, der ein Gegner des Frauenstudiums war und das auf eine sehr unfeine Weise äußerte. Er verflocht nämlich anstößige, oft geradezu unflätige auf sein Fach bezügliche Witze in seinen Vortrag, die er vielleicht überhaupt gern angebracht hätte, die aber zugleich den Zweck hatten, die anwesenden Studentinnen zu verscheuchen oder mindestens zu beleidigen; denn sie konnten ja, ohne ihr Studium aufzugeben, auf diese Vorlesung nicht verzichten. Wenn wir sonntags spazieren gingen, erzählte mir Salomé glühend vor Empörung, was der Verabscheute wieder an Unanständigkeiten vorgebracht hatte. Das brachte uns auf den Gedanken, ihn in einem Buch an den Pranger zu stellen, der Verachtung der Nachwelt preiszugeben; wir nannten dies künftige Werk den *Rachedolch*. Es sollte ein Briefwechsel werden in der Art, dass wir beide ziemlich genau so schrieben, wie es unserer Lage entspräche. Voraussetzung sollte sein, dass wir, wie es wirklich der Fall war, uns nur des Sonntags sehen und sprechen könnten und wöchentlich einen Brief wechselten. Allerdings mussten dem breiten Publikum einige Zugeständnisse gemacht werden, namentlich durch eine nebenherlaufende Liebesgeschichte. Die chirurgische Klinik leitete damals Professor Krönlein, ein Mann, der sich, wie allbekannt war, ebenso durch seinen Charakter, durch vornehme Gesinnung wie durch die Beherrschung seines Faches auszeichnete und dem Ganzen, ihm anvertrauten Institut ein entsprechendes Gepräge verlieh. Diesen, den Salomé ebenso bewunderte und verehrte, wie sie den Gynäkologen hasste, sollte Salomé lieben und am Schluss des Buches heiraten, während für mich ein um sechs Jahre jüngerer Student vereinbart wurde. Ich sollte der Abwechslung wegen eine junge Witwe sein, und der Altersunterschied zwischen dem Geliebten und mir sollte in meinem Falle das Problem bilden. Die Hauptsache war uns aber die Vernichtung des Feindes und daneben die Schilderung des Lebens an der Universität, namentlich in Bezug auf das Frauenstudium, wovon in Deutschland noch so wenige Näheres und Bestimmtes wussten; Salomé war sich durchaus bewusst, Pionier zu sein. Wir hatten an diesem Plan und seiner Ausführung großes Vergnügen. Sonntags lasen wir uns den Brief vor, den jede während der Woche geschrieben hatte, und beredeten den Inhalt des nächsten. Merkwürdig ist, dass die Briefe der so lebhaften Salomé viel länger und weitschweifiger waren als meine, ja vielleicht hie und da ein wenig pedantisch. Sie war pädagogisch veranlagt, ich war es gar nicht, sie wollte wirken und belehren, und so löblich das auch ist, gerieten, wie ich glaube, meine absichtslos hingeworfenen Briefe doch amüsanter.

Obwohl wir damals mit seiner Veröffentlichung rechneten, betrachtete ich den *Rachedolch* doch nicht als zum Kern und Ziel meines Lebens, zur dichterischen Produktion gehörig. Seit meinem fünften Lebensjahre hatte ich Gedichte gemacht, später Novellen geschrieben; es war mir immer bewusst, dass dies meine Aufgabe und meine Leidenschaft war, der ich irgendwann einmal genügen würde. Während ich mich auf die Maturität vorbereitete, hatte ich nur selten einmal einen Vers zu machen mir erlaubt, und auch während meiner Studienzeit nahm ich mir vor, alle Kraft auf die vorliegende Arbeit zu wenden, mich nicht ablenken zu lassen. Nur einmal machte ich eine Ausnahme, indem ich eine kurze Erzählung schrieb, der ich den Titel «Die Goldinsel» gab. Sie spielte im Zeitalter der portugiesischen Entdeckungen und gründete sich auf die zu jener Zeit verbreitete Annahme, es gebe irgendwo eine Insel, wo Gold in Mengen zu finden sei. Soweit ich mich erinnere, schwankte die Geschichte im Dunst unreifer Poesie, etwas Breiiges ohne Knochen, und ermangelte ganz des Wirklichkeitssinnes, wie auch gar nichts Erlebtes darin steckte, aber der gütige Redakteur des *Berner Bundes*, Joseph Viktor Widmann, nahm sie in die Sonntagsbeilage auf, und ich bekam vierzig Franken dafür. Mit diesem ersten selbstverdienten Gelde beschloss ich, von meinen damaligen Bekannten und mir eine Fotografie herstellen zu lassen, die ich meiner stets ein wenig um mein Los und die Gesellschaft, in der ich mich bewegte, besorgten Großmutter zu schicken gedachte; meine Eltern lebten beide nicht mehr. Außer mir waren sechs Mädchen auf dem Bilde, alle Medizinerinnen. Clara Neumann, aus wohlhabender Familie, durchaus bürgerlich, ohne Draufgängertum oder studentische Bohème; sie ist jung gestorben. Molly Herbig, eine Ostpreußin, blond, fein, dezidiert und nicht ohne Humor; sie heiratete einen Schweizer Arzt, hatte zwei Kinder und starb schon vor dem Krieg, wenn ich mich recht erinnere. Fräulein von Rosenzweig galt als natürliche Tochter des Kaisers Friedrich; wie es sich damit verhielt, weiß ich nicht, auch sprach sie nie davon. Sie stand schlecht mit ihrer Mutter und litt darunter, dass sie finanziell von ihr abhing, neigte überhaupt zur Schwermut. Nach vollendetem Studieren lebte sie mit Molly Herbig zusammen, die sie mit bewundernswerter Selbstaufopferung behütete; aber sie benutzte doch einmal einen unbedachten Augenblick, um sich das Leben zu nehmen. Ein mir neuer Typus war die blonde, zierliche Annchen Eysoldt, die von allen Dingen mit einer Offenheit sprach, die man Rohheit hätte nennen können, wenn man nicht das Grundsätzliche darin gespürt hätte. Liebe war für sie, wie sie sagte, ein sinnlicher Trieb, mit dem die Natur ihren Haushalt besorgt, den betreffenden Menschen Gefühle vorspiegelnd, die eigentlich gar nicht vorhanden sind. Sie äußerte dergleichen mit sachlicher Kühle und vollem Einverständnis. Trotzdem hatte sie einen Verlobten, den ich den vierfach Verfluchten nannte: Er war Pole,

Jude, Sozialist und ganz arm. Die Beziehung war natürlich aussichtslos, und nachdem sie längst gelöst war, hat Annchen Eysoldt, wenn ich nicht irre, einen Schweizer Rechtsanwalt geheiratet. Sie hatte eine Schwester, von der sie erzählte, dass sie zum Theater gehen wolle; sie ist eine berühmte Schauspielerin geworden. Die einzige Schweizerin in diesem Kreise war Emma Rhyner. Sie hatte etwas überaus Drolliges und Naives, und ich mochte sie besonders gern leiden. Von ihr lernte ich das Lied «O i wett i hett en Öpfel! Aber en suren Öpfel mues es si», das sie mit lauter Stimme und nachdrücklicher Begeisterung zu singen pflegte. Leider habe ich sie, nachdem sie sich irgendwo als Ärztin niedergelassen hatte, ganz aus den Augen verloren. Zum Schluss nenne ich die würdigste von uns, die liebenswürdige, rosige Agnes Bluhm, die schon am Ende ihres Studiums war. Sie ist noch immer erfolgreich wissenschaftlich tätig.

Wie es kam, dass ich mit so vielen Medizinerinnen verkehrte, die ich doch in meinen Hörsälen nicht antraf, kann ich nicht sagen; vermutlich waren es Bekanntschaften aus dem Studentinnenverein. Für Vereine hatte ich keinen Sinn, diesem trat ich aber aus Kameradschaftlichkeit bei und wurde schon bald zur Präsidentin gewählt, was ich selbst bei meiner geringen Eignung zu einem solchen Amt auffallend und beinah komisch fand. Sehr unzufrieden waren die russischen Studentinnen mit mir, die in großer Zahl zum Verein gehörten. Diese wünschten, dass Vorträge gehalten würden, an die sich Diskussionen knüpften, während ich für zwangloses Zusammensein war. Die meisten waren so, wie man sie aus russischen Romanen kennt: Sie konnten Nächte hindurch zusammensitzen und in endlosen Gesprächen über Welt und Lebensrätsel sich ergehen, wobei die Probleme immer verworrener wurden. Wir sprachen auch über alles, was junge Menschen bewegt und interessiert; aber es war nicht ein so uferloses, gewissermaßen aus Schwäche sich und den Gegenstand auflösendes Überschwemmen. Wir wussten, dass die meisten russischen Studenten sehr arm waren und, ohne viel Wesens daraus zu machen, sich jede Bequemlichkeit versagten, um studieren zu können, ferner dass diejenigen, die mehr Mittel besaßen oder reich waren, den Bedürftigen mitteilten, als verstehe sich das von selbst. Ich bewunderte das, ohne mich zu einem näheren Verkehr gedrängt zu fühlen. Mir fehlte damals jedes Verständnis für die Russen und ihre Nöte.

Salomé Neunreiter ging mir durch die Liebe verloren. Aus welchem Grunde sie die eigene Häuslichkeit aufgab, weiß ich nicht mehr. In der Pension, wo sie dann wohnte, lernte sie einen jungen blonden Deutschen kennen, der Chemie studierte, und in den sie sich verliebte, als er sich einmal an der Hand verletzt hatte und sie ihm die Wunde kunstgerecht verband und behandelte: «Für mich muss es sich da blau öffnen», sagte sie einmal, als ich die Schönheit des dunklen Auges rühmte. Ihre Mutter war mit dieser Neigung nicht einverstanden, sei es, weil es sich um einen Deutschen handelte, oder weil der Erwählte ihr keine Gewähr für das Glück ihrer Tochter zu bieten schien. Wieder zeigte sich Salomé furchtlos und unternehmend. Als die Mutter drohte, ihr die Mittel zum Studium zu entziehen, beschloss sie, sich selbst Geld zu verdienen. Der ärztliche Beruf kam nicht in Betracht, weil sie noch nicht ausstudiert hatte; so ging sie nach irgendeiner deutschen Stadt, es mag Leipzig gewesen sein, und arbeitete dort journalistisch. Wie lange sie dort blieb, weiß ich nicht mehr, auch nicht, ob die Mutter schließlich doch nachgegeben hat. Jedenfalls hat sie bedauerlicherweise ihr Studium nicht vollendet. Als sie wieder in Zürich war, kam es zwischen ihr und ihrem Verlobten oft zu unerfreulichen Auftritten, die nichts Gutes für die Zukunft weissagten; doch hielt sie an ihm fest, ich weiß nicht, ob aus Zuneigung oder aus Eigensinn. Sie hat mit dem so ausdauernd Erkämpften in Zürich gelebt und ist, soviel ich weiß, sehr unglücklich geworden. Kinder hatten sie nicht. In viel späteren Jahren habe ich noch einmal Briefe mit ihr gewechselt, als ich an die Möglichkeit dachte, unseren alten *Rachedolch* zu veröffentlichen, der in ihren Händen geblieben war. Ich hoffte, dass das auch für sie von Nutzen sein könnte, denn ich hatte gehört, sie befinde sich oft in finanziellen Schwierigkeiten. Es wurde nichts daraus, weil der Verleger, an den ich mich wandte, der Ansicht war, es bestehe für die geschilderten Verhältnisse kein Interesse mehr. Das Frauenstudium war inzwischen in Deutschland eine alltägliche Sache geworden.

Es war, glaube ich, in meinem zweiten Semester, dass ich fast die ganzen Sommerferien in Rüti ob Meiringen zubrachte. Es gab dort noch keine Hotels, nur eine einzige Pension in einem einfachen Hause, wo fast nur Schweizer aus dem sogenannten kleinen Mittelstande wohnten. In dem Holzhause gab es eine Menge Ohrwürmer, die mir mit ihren blanken skorpionähnlichen Leibern ein unüberwindliches Grausen einflößten. Die gutmütigen Pensionsgäste verstanden zwar meine Angst nicht, kamen mir aber bereitwillig zu Hilfe, indem jeden Abend einige von ihnen mich in mein Zimmer begleiteten, um die Bestien aufzuspüren und totzutreten. Außer mir war der einzige Deutsche, der aber lange schon in der Schweiz eingebürgert war, ein alter Herr, Professor Gladbach; er lehrte am Polytechnikum Architektur, und ich glaube, der Holzbau war sein Spezialfach. Sein Vater war als Emigrant in die Schweiz gekommen, nachdem er irgendeine französische Revolution mitgemacht hatte; der Professor erzählte mir, die Franzosen hätten ihn Lavache genannt. Er war ein beweglicher, freundlicher Herr mit einem schelmisch-listigen Lächeln in den Augen und liebte es, sich die Mahlzeiten durch Gespräche zu würzen. Dabei wandte er sich, da der übrige Teil der Gesellschaft schweigend zu essen pflegte, immer an mich und brachte mich mit den seiner Schwerhörigkeit wegen überlaut geführten Unterhaltungen oft in Verlegenheit, besonders da es meist um Gegenstände ging, die den andern vollständig fernlagen. «Die Herzöge von Burgund waren sehr prachtliebend», schrie er mich zum Beispiel an und verbreitete sich dann über Teppiche und Rüstungen oder die derzeitigen Tischsitten. «Wenn ich Sie ansehe, muss ich immer an den alten Homer denken», begann er einmal. Alle lachten und blickten auf mich. Er gab seiner Bemerkung dann eine liebenswürdige Wendung, indem er sagte, so wie ich müsse Nausikaa ausgesehen haben, ein Vergleich, der mir sehr schmeichelte, obwohl man meinen alten Verehrer nicht allzu ernst nehmen konnte. Eines Tages machte Professor Gladbach einen Ausflug auf eine etwa sechs Stunden höher gelegene Alp, von dem er so begeistert zurückkam, dass ich beschloss, denselben zu machen. Dass ich allein war, machte mir keine Bedenken, den Weg hatte mir der Professor genau beschrieben. In der Sennhütte, wo ich nach langem Marsch gegen Abend ankam, fand ich einen Senn am Kessel, der seinem Aussehen nach ebenso gut ein Räuber hätte sein können, mich aber freundlich empfing. Er sprach den Hasliberger Dialekt, der auch Schweizern oft dunkel bleibt; aber die Verständigung gelang mit beiderseitigem gutem Willen. Er bot mir ein Getränk aus einer Tasse an, von der er mir versicherte, dass sie süfer, nämlich sauber, sei, wozu ich das mitgebrachte Brot aß. Zum Schlafen stiegen wir eine Leiter zu einem Bretterboden hinauf, wo er mir die eine Ecke anwies, während er sich in einer anderen niederlegte; nicht das leiseste Angstgefühl wandelte mich an. Als ich am Morgen erwachte, war er schon fort. Von einem Spaziergang höher hinauf zurückkehrend, wollte ich eben in die etwas tiefer in einer Senkung liegende Sennhütte hineingehen, als ich die Erde unter mir nachgeben fühlte und zu meinem namenlosen Schrecken immer tiefer, bis an den Gürtel, versank. Neben der Tür der Hütte war ein großer viereckiger Düngerhaufen aufgeschichtet, der, weil er schon alt war, die Farbe der Steine angenommen und mich dadurch getäuscht hatte. Niemand war weit und breit zu sehen. Ich zog mich aus und wusch mich, Wäsche und Kleid so gut es gehen wollte, in dem an der Hütte vorüberfließenden Bach. Merkwürdigerweise erinnere ich mich, dass ich ein hübsches, erdbeerfarbiges Kleid trug. Dann trat ich, mit meinem Abenteuer ausgesöhnt, den Heimweg an.

Besonders die letzten Wochen meines Aufenthalts, als es Herbst wurde, sind mir wie ein Traumgesicht, unsäglich schön und unvergesslich, in Erinnerung. In der durchsichtig werdenden Luft brannten die roten Beeren, aus dem Walde tönte nachts das seltsame, klagende Lachen der Eulen. Ich lag im Kraut und machte Verse, von denen manche, wenigstens für mich, den Zauber jener Tage eingefangen haben, wie etwa diese: Das Alphorn klingt am Bergeshang – Wo die Lawinen dröhnen – Und immer meinem Pfad entlang – Folgt mir das süße Tönen – Mir ist, als ob das ferne Lied – mein totes Liebchen bliese – Und könnt ich gehen, wohin mich's zieht – Käm ich zum Paradiese.

Ich weiß nicht mehr, ob es die Inhaberin der Pension oder eine andere Frau war, die eine Berner Tracht besaß und sie mich anprobieren ließ. Das Wohlgefallen der freundlichen Gäste an meiner Verwandlung ins Bernerische war der Anlass, dass ich in dieser Verkleidung fotografisch aufgenommen wurde.

Im folgenden Jahre dachte ich schon an das Doktorexamen und die Dissertation. Ich wählte mir als Thema die Neutralität der Eidgenossenschaft, namentlich der Orte Zürich und Bern, während des spanischen Erbfolgekrieges. Es war ein selbständiger Beschluss, den ich ohne Hinweis oder Ratschlag vonseiten eines Professors fasste. Wahrscheinlich hing es damit zusammen, dass ich bei Paul Schweizer, der ein Buch über die Neutralität vorbereitete, eine Vorlesung darüber gehört hatte. Der Gegenstand war noch nie im Zusammenhang behandelt worden, auch einzelne Teile desselben so wenig, dass da ein ergiebiges Gebiet zur Verfügung stand. Mit meiner noch immer strotzenden Arbeitslust ging ich darauf los und suchte zuerst im Zürcher Archiv Material. Archivar war Paul Schweizer, der mir leicht hätte behilflich sein können, da er im Archiv sicherlich gut Bescheid wusste und auch wusste, was für mich in Betracht kam, aber er bekümmerte sich gar nicht um mich, ich hatte sogar den Eindruck, es sei ihm nicht lieb, dass ich in sein Thema hineingriff. Mir kam das kleinlich vor; denn eine Dissertation, selbst eine gute, konnte doch nicht den Erfolg eines Professorenbuches beeinträchtigen. Im Grunde war ich froh, dass mich niemand beriet, und ich mir Schritt um Schritt meinen Weg suchen konnte. Nach dem Zürcher kam das Berner Archiv. Zum ersten Mal sah ich Bern, und die schöne Stadt machte großen Eindruck auf mich, vor allem das Münster mit dem noch flachen Turm, den ich von der Pension Hertenstein sah, wo ich abgestiegen war. Nach einiger Zeit siedelte ich in eine andere Pension über, die etwas außerhalb der Stadt jenseits des Bahnhofs lag. Dass ich einen langen Weg zum Archiv hatte, war mir gerade recht; er zog sich unter alten Bäumen hin, von denen die braunen Blätter des Herbstes auf mich herabrieselten. In der Pension hielten sich drei Japaner auf. Einer, mit dem wohlklingenden Namen Songinohara, war Offizier und bereiste die westeuropäischen Länder, um militärische Studien zu machen. Von den beiden andern studierte einer Geschichte; er hieß Mitzsukuri und hat mir später seine Dissertation geschenkt, die von den englisch-holländischen Beziehungen zur Zeit Cromwells handelte. Bei Gelegenheit eines gemeinsam von der Pension unternommenen Spaziergangs fragte mich plötzlich der eine von den Japanern, der neben mir ging: «Was halten von Dreieinigkeit?» Ich hatte noch niemals über die Dreieinigkeit nachgedacht und bedauerte sehr, dass ich einem Ausländer und Nicht-Christen nur eine ganz unzulängliche Antwort geben konnte. Merkwürdig war mir, dass den Japanern an den Europäern besonders das Ungehemmte der Gefühlsäußerungen auffiel. Bei ihnen würde dergleichen anstößig sein. Wenn sie von einer langen, vielleicht jahrelangen Reise zurückkehrten, sagten sie, würden sie die Angehörigen, die sie erwarteten, nicht anders als mit einer Verbeugung begrüßen. Von Umarmungen oder gar Küssen dürfe keine Rede sein. Ich unterhielt mich gern mit den Japanern, aber den Rassengegensatz empfand ich stark. Im Winter 1890 auf 91 herrschte eine so starke und lang andauernde Kälte, dass sich bis weit in den See hinein eine Eisdecke bildete, die mit Sicherheit begangen und befahren werden konnte. Das kommt nur selten vor, und es wurde wie ein Volksfest gefeiert. Ein Gewimmel von Schlittschuhläufern belebte die blanke Fläche, es gab Buden mit Erfrischungen, Musik, Beleuchtung, und der Jubel ging bis in die Nacht. Einer kleinen tragikomischen Begebenheit erinnere ich mich aus der Zeit der Seegefrörne: Ein Mann, der im Leuen von Bendlikon zu viel getrunken hatte, ging am Abend, als es schon dunkelte, über den See nach Küsnacht, trotzdem man ihn warnte; denn das Eis war in jener Gegend nicht fest. Dem Ufer schon nahe brach er ein. Als er merkte, dass er unterging, schwenkte er den Hut, rief «Adie Welt!» und versank; die Herbeieilenden konnten ihn nicht mehr retten.

Ich hatte von der allgemeinen Lustbarkeit nichts, als dass ich unter der strengen Kälte litt; denn da ich im folgenden Sommer das Examen machen wollte, hatte ich zu viel mit der Vorbereitung zu tun, um daran teilzunehmen. Ich wohnte damals in Unterstraß in einem netten Hause, das einem alten Aargauer Ehepaar gehörte. Der Mann war Gärtner gewesen und hatte sich mit einem kleinen Vermögen zurückgezogen. Die beiden gutherzigen Menschen freuten sich ihres Abendfriedens und waren zu jeder Art Kurzweil bereit. Mich hatten sie umso lieber, als sie Dialekt mit mir sprechen konnten. Abends, wenn ich müde von der Arbeit war, pflegte ich in ihr gemütliches Wohnzimmer zu gehen und, auf der breiten Ofenbank, der Kunst, sitzend, mit ihnen zu plaudern. Sie erlebten noch den Schmerz, ihre einzige Tochter zu verlieren, die mit ihrem Mann und einem Söhnchen das obere Stockwerk bewohnte. Sie war eine sehr liebe Frau, aus deren schönen Augen die Wärme ihres Herzens leuchtete; der übermäßig große Umfang ihres Körpers deutete wohl auf Krankheit. Obwohl ich ihren Mann nicht leiden mochte, war ich doch froh, bei ihr zu Mittag essen zu können, da der tägliche Gang in die Stadt mir zu viel Zeit genommen hätte.

Mit der schönen großen Veranda, die zu meinem Zimmer gehörte, ist die Erinnerung an einen für mich denkwürdigen Besuch verbunden, den ich im Herbst erhielt, nämlich den von Joseph Viktor Widmann, dem Redakteur des *Berner Bundes.* Einige Zeit vorher hatte ich unter dem Namen Richard Hugo einen Band Gedichte herausgegeben, den der warmherzige Beförderer junger Talente ausführlich und liebevoll eingehend im *Bund* besprochen hatte. Die Gedichte waren zum großen Teil kindlich, ohne bewussten Formungswillen, allzu sehr hingesungen, wie der in den Zweigen wohnende Vogel singt; aber ihn hatten vielleicht ein leidenschaftliches Quellen und eine gewisse persönliche Kraft angezogen, wenn sie auch persönliche Prägung noch kaum gefunden hatte. Widmann hatte aus einer Fotografie, die nur meinen Kopf wiedergab, geschlossen, dass ich klein und rundlich sei, und war angenehm überrascht, mich groß und schlank zu finden. Auch sonst erlaubte mir der Zufall, mich gut bei ihm einzuführen, als ich auf seine Einladung hin seinen Besuch in Bern erwiderte. Sein Haus, der Leuenberg, lag malerisch am Muristalden in der

Schoßhalde. Die offene Laube, wo wir zuerst saßen, war durch ein großes, ich glaube von seinem Sohn Fritz gemaltes Bild geschmückt, auf dem zwei an den Pfahl eines Scheiterhaufens gebundene jugendliche Gestalten zu sehen waren. «Da sind ja Olint und Sophronia», sagte ich, indem ich es betrachtete. Dass ich Ariost kannte, erfreute den Liebhaber älterer italienischer Literatur; wir trafen uns rasch auf der Ebene einer ungefähr gleichgerichteten Bildung. Sein heiterer humaner Geist beherrschte das Haus, seine Frau, sein Sohn, der werdende Maler, die schöne Tochter Johanna, seinem Herzen besonders nahstehend, alle kamen mir mit der Freiheit künstlerischer Naturen entgegen. Widmann war ein vorbildlicher Journalist; empfänglich, weltoffen, durch und durch gebildet, sodass er Anregung aus den Tagesvorgängen schöpfen und die wiederum mit höheren Gesichtspunkten verbinden konnte, witzig, launig, nicht zu leicht und nicht zu schwer, mehr anregend als belehrend, reich an Einfällen, bei aller Beweglichkeit in der Grundlage des Charakters fest. Darüber hinaus war er ein Dichter. Er hatte eine mir unverständliche Bewunderung für Spitteler, dem er so viel wie möglich die Wege bereitete und den er hoch über sich selbst stellte; dagegen glaube ich, dass er, nicht Spitteler, den eingeborenen Dichtergeist hatte, mag er sich immerhin auf beschränktem Gebiet geäußert haben. Ihm strömte die lyrische Ader, die Leier war sein Eigen, die man der Poesie in die Hände gibt, wenn man sie figürlich darstellt. Da Spitteler das lyrisch-melodische Element fehlt, wollte ich ihn nicht als Dichter gelten lassen. Widmann war zu frei, als dass er mir deswegen gezürnt hätte, wie er auch mich nicht deswegen geringer schätzte oder aufgab, weil Spitteler von mir nichts wissen wollte. Bis zu seinem Tode hat er unermüdlich durch Besprechung meiner Bücher und Hinweise mich zu fördern gesucht; noch jetzt beunruhigt mich zuweilen der Gedanke, ich habe ihm nicht genug gezeigt, wie dankbar ich seine Güte empfand.

Meine Dissertation wurde dank dem reichlichen Material, das ich in den Archiven gefunden hatte, sehr umfangreich. Durch die Korrespondenz der verschiedenen fremden Gesandten wurde ich mit einigen der in Betracht kommenden Persönlichkeiten ziemlich gut bekannt, was mir ermöglichte, ein paar bunte Farbflecken in die übrigens wissenschaftlich graue Darstellung zu setzen. Von dem Berner Maler Anker erhielt ich, nachdem meine Dissertation im Druck erschienen war, einen alten Stich, der eine darin eine Rolle spielende Person darstellte. Professor von Wyß, dem ich nie vorher von meiner Arbeit gesprochen hatte, weil ich nicht wusste, dass das üblich ist, empfing mich, als ich ihm endlich einen Besuch machte, um sie ihm vorzulegen, so vornehm und menschlich liebenswürdig, wie er immer war, und hat sie gründlich gelesen. In dem Brief, den er mir darüber schrieb, kam eine Bemerkung vor, die ich außerordentlich fein fand, nämlich ich bringe das Wesentliche gern in einem Nebensatz, anstatt es in den Hauptsatz zu setzen. Dies liegt mir ersichtlich so im Blut, dass es mich Überwindung kostete, die Änderungen, zu denen er mir im Hinblick darauf riet, vorzunehmen. Ich fühlte mich verpflichtet, seiner Anweisung zu folgen; aber ich hatte das Gefühl, als sei ich nicht mehr ich in den verbesserten Sätzen.

Die Doktorprüfung verlief nicht so günstig wie die Maturität. Ich hatte solche Examensangst, dass ich nur durch die eindringliche Vorstellung, Erbrechen und Zahnziehen würde doch noch schlimmer sein, mir einigermaßen Haltung geben konnte. Die wohlwollende Gesinnung der Examinatoren war wohl zu spüren, konnte aber die Tatsache nicht aufheben, dass ich auf manchen Gebieten nicht genügend beschlagen war. Auf die erste Frage von Professor von Wyß, wer der eigentliche Begründer der Neutralität in der Schweiz gewesen sei, schwieg ich bestürzt und fassungslos, wie wenn sich eine abgründige Leere in mir aufgetan hätte, bis mir plötzlich Zwingli einfiel, zugleich aber auch zum Bewusstsein kam, dass ich einen Abschnitt der Schweizer Geschichte vernachlässigt hatte, wo eingehende Kenntnisse von mir vorausgesetzt werden durften. Man hatte wahrscheinlich erwartet, ich würde summa machen, und es wurde nur magna. Aber was liegt dem daran, der eben das Examen bestanden hat! Nur dass ich meinen Lehrern eine Enttäuschung bereitet hatte, tat mir leid. Nachdem mir der Rektor, Professor Hitzig, von dem guten Abschluss Mitteilung gemacht hatte, fügte er dem Glückwunsch zum erworbenen Doktortitel einen Glückwunsch zum Geburtstag hinzu: Es war mein siebenundzwanzigster, der 18. Juli 1891. Noch sehe ich die lange

Tafel und die charakteristischen Köpfe von Junker Wyß, Meyer von Knonau, Baechtold vor mir, ihre freundlich mir zulächelnden Gesichter. Nicht lange danach starb Professor von Wyß, einige Tage nach ihm seine Frau; sie wurden zusammen begraben. Meyer von Knonau, der damals jünger war, als er mir erschien, ist erst im Jahre 1931, mit Recht hochgeehrt von allen schweizerischen und allen Historikern deutscher Zunge, gestorben. Er war das Muster eines jener Gelehrten, der die Quellen gewissenhaft durchforscht und in unermüdlicher Arbeit die Ergebnisse sammelt. Das ist selbstverständlich notwendig und gut; aber bloße Tatsachen, wenn sie nicht in Beziehung zu uns und zu den Geistern in der Luft, wie der Apostel Paulus sie nennt, gebracht werden können, mit denen wir kämpfen, bleiben doch Spreu. Das Gebiet, auf dem Meyer von Knonau am meisten gearbeitet und Bedeutendes geleistet hat, ist das Mittelalter; jedoch vom Wesen des Mittelalters übermittelte er seinen Zuhörern wenig. Er war als Vorbild eines treuen Forschers seinen Schülern ehrwürdig, ein Führer in den großen Fragen des öffentlichen Lebens; eine Leuchte in den Wirren und Kämpfen der Zeit war er nicht und wollte er nicht sein. Er wollte möglichst richtig und vollständig mitteilen, was gewesen war. Nur dass er Stücke gab ohne den Atem und die Gewalt des Lebens. Ich unterschätzte den Wert der Einzelforschung, die strenge Beschränkung auf das vom Wissen Erfasste nicht und war weit entfernt zu wünschen, dass aus der Geschichte ein Roman gemacht werde; aber ich fragte mich, zu was die Stücke da wären, wenn nicht um zu einem lebendigen Ganzen gemacht zu werden, wenn nicht die Leidenschaften der Lebendigen die Schatten erglühen lassen, wenn wir uns nicht in sie, sie sich nicht in uns verwandeln?

Ich verstand gar nichts von den Problemen der Geschichtsschreibung, aber unwillkürlich legte ich doch einen Maßstab an das, was ich hörte und las, und beurteilte es. Ranke lehnte ich so entschieden ab, dass ich für die hohe, bezaubernde Kunst seines Aufbaus und seiner Schilderung unempfänglich blieb. Und doch war Ranke ganz anders als Meyer von Knonau, reich an Ideen und Zusammenhängen, der Gabe teilhaftig, das Vergangene anschaulich zu machen. Wenn ich mich selbst recht verstehe, war mir seine Welt zu geglättet, zu verbindlich, zu sehr vom Standpunkt der oberen Zehntausend gesehen, auf einer zu schmalen Basis errichtet, sodass ihr nicht genug warmes Blut zuflösse. Ich glaubte, die wirkliche Welt sei viel wilder, grausamer, böser und gemeiner, und doch auch wieder viel schöner. Verschwieg er auch keine von den Schandtaten, die straflos begangen werden, so verstand sein reinlicher Pinsel doch, auch das Struppigste für gute Gesellschaft annehmbar zu machen. Ich vermisste das unterirdische Rauschen der übermenschlichen Mächte, das vielleicht nur durch die Musik der Worte mitgeteilt werden kann, vor dem auch das lauteste Weltgeschehen plötzlich entleert in sich zusammenfallen kann. Dagegen glaubte ich, eine versteckte Servilität gegenüber der Wirklichkeit zu spüren. Den fernen

Stern des ewig-göttlichen Rechts ließ er mir nicht klar genug erstrahlen.

Auf die Freude des bestandenen Examens folgte die unbequeme, drückende Frage, wie nun das Studium zu verwerten sei. Das Geld, das mir aus dem Verkauf des väterlichen Hauses zugeflossen war, hatte ich während der Studienjahre verbraucht; es war grade noch so viel vorhanden, dass ich den Druck der langen Dissertation davon bezahlen konnte. Ich musste also daran denken, mir das Leben zu verdienen. Auf meine Anfragen und Erkundigungen in Deutschland, denn dahin wendete ich mich naturgemäß, erfuhr ich, dass ich auf eine Anstellung als Lehrerin an einer höheren Schule nur rechnen könne, wenn ich vorher in Deutschland das Lehrerinnenexamen gemacht hätte; meine Studien und Prüfungen in der Schweiz wären also vergeblich gewesen. Dagegen sträubte sich mein Stolz, ich hätte einen lächerlichen Umweg zu einem leicht erreichbaren Ziel gemacht, wäre beschämt, wie einer, der zu hoch hinaus gewollt hätte, heimgekommen. Im Grunde war ich über das geringe Entgegenkommen der deutschen Frauenführerinnen froh, denn ich hätte, wenn sie mir eine Aussicht eröffnet hätten, die geliebte Schweiz verlassen müssen, wahrscheinlich um nie zurückzukehren. Ernstlich vorstellen konnte ich mir das gar nicht: Es war mir zumute, als müsse man mich mit den Wurzeln herausreißen. Doch blieb die unentrinnbare Tatsache, dass ich Geld verdienen musste und nicht wusste wie; ich sah keinen Ausweg. Eines Abends saß ich arbeitend am Schreibtisch, als über das vor mir liegende Papier hin eine dicke, abscheuliche Spinne auf mich zu kroch. Trotz meines Schreckens durchzuckte mich ein frohes Vorgefühl, bedeuten doch Spinnen am Abend Glück, und ein so hässliches Exemplar konnte nur etwas Wundervolles weissagen. Am folgenden Morgen bekam ich einen Brief vom Oberbibliothekar der Zürcher Stadtbibliothek, Dr. Hermann Escher, mit der Anfrage, ob ich geneigt sei, eine Stelle an der Bibliothek anzunehmen. Zu dieser Aufforderung war es folgendermaßen gekommen: Die Stadtbibliothek besaß eine wertvolle Sammlung kleiner Druckschriften, die auf die Französische Revolution Bezug hatten; ein Zürcher Zeitgenosse derselben hatte sie zusammengebracht. Damit sie dem Publikum zugänglich würde, sollte sie katalogisiert werden, wozu von den Angestellten der Bibliothek keiner Zeit hatte. Dr. Escher ließ deshalb unter den Studierenden der historischen Fakultät Umfragen, ob jemand Lust habe, sich der ziemlich langwierigen Arbeit selbstverständlich ohne Entgelt zu unterziehen. Außer mir meldete sich noch ein anderer, der bald wieder absprang, sodass ich allein damit fertig werden musste. Vielleicht hat sich eine gewisse Abneigung gegen die Französische Revolution in mir festgesetzt beim Schreiben der unzähligen Titel, in denen sich der marktschreierische und zugleich eintönige Geist jener Bewegung ausgetobt hatte. Jetzt erntete ich den Lohn meiner damaligen Bereitwilligkeit; denn bei dieser Gelegenheit hatte Dr. Escher mich kennengelernt und den Eindruck gewonnen, dass ich für die Bibliothek in Betracht komme. Es war eine entscheidende Wendung, die ganz überraschend war, und die ich doch in einem Winkel meines Herzens erwartet hatte. Schien es mir doch unmöglich, dass ich gezwungen sein sollte, Zürich zu verlassen. Ein warmes Glücksgefühl überströmte mich; es war einer jener Augenblicke, wo das begehrliche Herz bis zum Rand gefüllt und befriedet ist.

Vielleicht erscheint es andern unbegreiflich, dass ich nicht vorgezogen hätte, nach Deutschland zurückzukehren; aber so war es nun einmal, dass ich mich in Zürich mehr zu Hause fühlte als zu Hause. Es hing wohl damit zusammen, dass in Deutschland für mich keine Möglichkeit war, meine erworbenen Kenntnisse ersprießlich zu verwerten und mein Brot zu verdienen; weit mehr aber wirkte das Heimatgefühl, mit dem ich mich dem gastlichen Lande, der Schweiz, angeschlossen hatte. Zunächst, als ich sie kennenlernte, bezauberte mich die Schönheit des Stadt- und Landschaftsbildes: die stilvollen und die heiteren Häuser, der großartige Wurf, mit dem die Stadt zwischen die Berge hingegossen ist, die Schwäne am Limmatufer, die krähenden Möwen, der festlich schimmernde See und das schneeige Band der Alpen am Horizont. Dann lernte ich die Menschen kennen, die mir vertraut und doch fremd und überaus anziehend waren. Von Natur mit wenig Beobachtungsgabe ausgestattet, war ich doch durch den plötzlichen Wechsel der Umgebung dazu geführt worden, auf das öffentliche Leben zu achten und mir ein Urteil über viele Erscheinungen zu bilden, die ich bisher als selbstverständlich hingenommen hatte. Es fiel mir auf, wieviel selbstbewusster und sicherer im Auftreten die einfache Bevölkerung in der Schweiz war als daheim, sie schien nicht durch eine Kluft von den höheren Schichten getrennt zu sein. Dies gab den Eindruck von Gemeinschaft und Ausgeglichenheit, kurz: von Kultur. Auf der anderen Seite war trotz der demokratischen Verfassung der Charakter vieler Familien aristokratisch, das heißt, sie schienen sich der Verpflichtung bewusst, dem ganzen Volke durch Gesinnung und Verhalten ein Vorbild geben, die kulturellen und politischen Güter, die von den Vorfahren errungen waren, pflegen und mit ihrer Person und ihrem Besitz für die Heimat sich einsetzen zu sollen. Diese Haltung war ganz unpathetisch, und wenn sich etwa demokratische Großmäuligkeit in den Mittelklassen bemerkbar machte, so wurde das mit humoristischem Lächeln kritisiert. Überwiegend war in der ganzen Bevölkerung entweder das patrizische oder das bäuerliche aristokratisch-konservative Wesen. Sehr gefiel es mir, dass die Familiengeschichte gepflegt wurde, dass viele Familien ihren Ursprung in weit zurückliegende Jahrhunderte zurückverfolgen konnten, dass man schon aus dem Namen einer jeden schließen konnte, aus welcher Gegend sie stammte. In Deutschland hatten fast nur die altadligen oder alte reichsstädtische Familien einen Stammbaum; im Allgemeinen ging die Erinnerung kaum über die Großeltern hinaus. Mein historischer Sinn fühlte sich davon angezogen. Ebenso wie die Familiengeschichte wurde die Geschichte der Städte, der Kantone, des Landes und Volkes gepflegt, und zwar nicht nur von zünftigen Gelehrten. Es gab in Zürich viele Herren, die Kaufleute oder Fabrikanten waren oder gewesen waren und sich mit Einzelforschungen in der Geschichte beschäftigten. Viele von den Neujahrsblättern, die nach alter Sitte von einer Reihe von Gesellschaften herausgegeben wurden, kamen auf diese Weise zustande. Die allgemeine schweizerische Geschichte war dem ganzen Volke bekannt, die großen Gedenktage wurden mit freudigster Teilnahme von allen gefeiert. Wie anders war das bei uns. So gewaltige Ereignisse wie die Türkensiege am Ende des 17. Jahrhunderts waren den meisten Deutschen kaum bekannt, nicht einmal die Befreiungskriege konnten für alle Deutschen eine glorreiche Erinnerung sein. Jedes Land feierte möglichst nur seine Dynasten vom dynastischen Standpunkt aus. War das nicht einst anders gewesen? Mehr und mehr bildete sich in mir die Ansicht aus, dass die Schweiz sich in der Bahn weiterentwickelt habe, die im mittelalterlichen Deutschen Reich eingeschlagen gewesen wäre, von der zuerst die Reformation, hauptsächlich aber der Absolutismus Deutschland abgelenkt hätte. Hier in der Schweiz schien mir das wahre, das unentstellte Deutschland zu sein, dem ich mich zugehörig fühlte, hier wurden noch die beiden großen Tendenzen des mittelalterlichen Reiches, die universale und die föderalistische Idee, hochgehalten und verwirklicht. Auch die eigentümliche Mischung von demokratischen und aristokratischen Elementen, wie sie in den Städten des Mit-

telalters sich ausgebildet hatten, war hier erhalten
geblieben. Ich hatte, obwohl meine Kindheit in die Zeit
des Krieges von 1870 und der Reichsgründung fiel, nie-
mals die Schwärmerei für das neue Reich teilen können,
die so allgemein war. Nicht einmal für Bismarck und den
alten Kaiser konnte ich mich begeistern, und die An-
knüpfung an das Mittelalter, die zuweilen versucht wur-
de, indem man Wilhelm I. als Nachfolger der großen
Sachsenkaiser oder der Hohenstaufen hinstellte, fand
ich verfehlt. Das neue Reich war, fand ich, etwas von
Grund aus anderes, es schloss sich nicht an das Mittel-
alter, sondern an den Absolutismus. Den hasste ich;
ich war Republikaner, ohne je, soviel mir bewusst ist, in
dieser Richtung beeinflusst worden zu sein, es war mir
angeboren. Im damaligen Deutschland konnte man nur
entweder Beifall klatschen zu dem, was die jeweiligen
Regierungen anordneten, oder schweigend und verär-
gert, von allen verketzert beiseite stehen; die Schwei-
zer konnten mitwirken und gegenwirken nach der ei-
genen Überzeugung. In der Atmosphäre, die dadurch
entstand, war mir leicht zu atmen. Ich fühlte mich hier
wie auf einem hohen Berge, von reinerer Luft als im Tal
umspielt. Zu dieser Entwicklung mag beigetragen ha-
ben, dass ich trotz meiner historischen Einstellung per-
sönlich gar nicht in der Vergangenheit, ganz und gar
im Gegenwärtigen lebte. Bis in ein ziemlich hohes Alter
habe ich nie zurückgeblickt. Dementsprechend gab ich
mich mit allen Sinnen und Gedanken dem neuen Leben
hin, das in der Schweiz sich mir auftat. Ich fühlte mich

in Zürich so zu Hause, dass die ersten hochdeutsch gesprochenen Worte, die ich hörte, wenn ich vorübergehend nach Deutschland reiste, mich fremd und peinlich berührten: Die Sprache wie die Gesichter kamen mir flacher, verschwommener vor als in der Schweiz. Ich bedauerte, dass nicht auch in Deutschland überall die Mundart und die volkstümliche Sonderart gepflegt worden waren, und ich schrieb das der Zentralisation zu. Meine Vorliebe für das Mannigfaltige und Abneigung gegen das Uniforme war wohl zunächst eine ästhetische, wie ich denn glaube, dass ich nach Kierkegaard damals eher eine ästhetische als eine ethische Weltanschauung hatte. Ich hatte einen leidenschaftlichen Hang für das Schöne. Aber im tiefsten Ursprung ist doch wohl das Schöne eins mit dem Wahren und Guten. Jedenfalls kann man, glaube ich, behaupten, dass das Mannigfaltige im politisch-sozialen Leben nicht nur sich schöner, sondern auch besser auswirke. Strebt doch die Natur überall zum Mannigfaltigen, und man verkürzt ihren Reichtum, indem man zentralisiert. Durch Zentralisation entstehen die Großstädte und Großstaaten, gegen die ich in der Schweiz eine lebhafte Abneigung fasste; ich war ja auch in einer mittelgroßen Stadt und in einem Kleinstaat aufgewachsen. Die Schweizer ihrerseits hatten zum großen Teil ein reizbares Misstrauen gegen Deutschland, soweit sie es mit Berlin gleichsetzten; aber wo sie nicht das bemerkten, was sie als berlinerisch empfanden, ein lautes, vordringliches, überhebliches Wesen, war es leicht, mit ihnen vertraut zu werden, sodass jedes Gefühl von Fremdheit oder Nichtzusammengehörigkeit verschwand. Bei den Gebildeten fand ich Verständnis, wenn ich stolz mein Niedersachsentum betonte; das grenzte ja schon an die republikanisch-aristokratischen Hansestädte.

Nachdem ich meine Bereitwilligkeit, mich an der Stadtbibliothek beschäftigen zu lassen, erklärt hatte, trat ich mein neues Amt an. Dr. Hermann Escher, nunmehr mein Vorgesetzter, war in mancher Hinsicht ein eigentümlicher Mensch. Zuverlässigkeit, Treue, Pflichtgefühl, Unerschütterlichkeit der Überzeugungen waren in ihm gleichsam angesammelt und festgeworden wie ein Erbe von Jahrhunderten. Das Interesse für sein Amt beherrschte ihn ganz; ich glaube nicht, dass Freundschaft, Liebe, Familiengefühl oder sonst eine Leidenschaft ihn jemals davon hätte abziehen können. Doch war er nicht etwa kalt oder gefühllos, nur war seine Empfindungswelt so kanalisiert, dass es nie am Nötigen und Nützlichen fehlte, allzu heftige Strömungen oder gar Überschwemmungen aber vermieden werden konnten. Daraus war nicht zu schließen, dass er ein urgesunder Mensch sei, vielmehr war er nervenleidend; wenn ich mich recht erinnere, äußerte sich das so, dass er zeitweilig wie verschleiert war, sich nicht konzentrieren konnte. Dass jemand seine Interessen nicht teilte, konnte er sich nicht vorstellen, und bei mir den Wunsch nach Belehrung in seinem Fache vorauszusetzen, hatte er ja alles Recht. Auch hörte ich aufmerksam zu, wenn er mir bibliothekstechnische Vorträge hielt; aber es blieb mir trotz guten Willens nichts davon im Gedächtnis. Ebenso wenig behielt ich von der Aufstellung und dem Verlauf der Schlacht bei Zürich, die er mir auf dem Schlachtfelde erklärte. Er war sich seiner Verantwortung als Chef bewusst und zeigte während der Arbeitsstunden meistens einen gemessenen, freundlichen Ernst, der ihm ohnehin natürlich war, doch nicht so, dass er dem Scherz und Witz nicht zugänglich gewesen wäre und nicht gern gelacht hätte. Nur hatte sein Lachen nicht das Elementare, Saftige, das im Innersten des Menschen entspringt; es war, als sei da ein Zugang verstopft oder verholzt. Anders war es mit Dr. v. Wyß, der wie ich neben und unter Dr. Escher arbeitete: Da brauchte man nur anzutippen, und das Lachen rieselte hervor. Wilhelm von Wyß, der Neffe meines verehrten Professors, war im Hauptamt Lehrer des Lateinischen am Gymnasium; er hatte wie ich an der Bibliothek nur eine halbe Stelle. Man nannte uns drei scherzweise nach einer bekannten Zürcher Firma Escher, Wyß & Kompagnie. Als Unterangestellte konnten Dr. v. Wyß und ich es uns leisten, zuweilen über den Strang zu schlagen und etwas ausgelassen zu sein, und wir machten von dieser Vergünstigung unserer bescheidenen Stellung hie und da Gebrauch. Er hatte etwas allerliebst Kindliches, wenn wir Dr. Escher mit kleinen Spitzbübereien neckten. Ich habe es später nie begreifen können, wenn seine Schüler am Gymnasium ihn allzu ernsthaft und streng fanden, so ganz anders hatte ich ihn gekannt. Vielleicht hatte er der Notwendigkeit, größere Schulklassen im Zaume zu halten, nur genügen können, indem er sich mit übertriebener Strenge panzerte. Mir hat er im Privatunterricht das Griechische beigebracht und wusste dabei sehr anmutig dem Ton freundschaftlichen Verkehrs, der sich zwischen uns herausgebildet hatte, durch den Ernst des Lehrers und im Hinblick auf das zu erreichende Ziel eine sachliche Schattierung zu geben.

Da meine Stelle an der Bibliothek nur eine halbe und entsprechend gering honoriert war, konnte ich davon nicht leben; aber unversehens wurde mir geholfen. Um möglichst gut für den Daseinskampf gerüstet zu sein, hatte ich auch das Oberlehrerexamen gemacht, und zwar mit sehr guten Noten. Dadurch waren drei Schwestern auf mich aufmerksam geworden, die in Zürich eine Privatschule leiteten: Sie luden mich ein, bei ihnen in deutscher Sprache zu unterrichten. Den Namen der drei Damen habe ich vergessen; sie waren noch jung, und eine war sehr hübsch. Ich sagte zu, obwohl ich nie Unterricht erteilt und auch kein großes Zutrauen in meine Fähigkeit dazu hatte; aber ich konnte eine Gelegenheit, Geld zu verdienen, mir nicht entgehen lassen und hatte außerdem den Grundsatz, jede Handhabe zu ergreifen, die das Schicksal biete. Quo dii vocant eundum hieß eine mir zusagende Devise. Es zeigte sich sofort, dass die Schwierigkeit der Aufgabe noch größer war, als ich erwartet hatte. Natürlich konnte ich hinreichend gut und richtig Deutsch sprechen und schreiben, aber die dazu gehörigen grammatikalischen Begründungen konnte ich nicht immer geben, was auf der Stufe, die mir zugewiesen war, noch in Betracht kam. Infolgedessen war ich immer besorgt, ich könnte in eine grammatische Falle geraten. Vor allen Dingen glückte es mir gar nicht mit dem Erklären der Gedichte, die im Lesebuch vorkamen. Nachdem die eine der drei Vorsteherinnen einmal bei mir zugehört hatte, sagte sie zu mir, ich habe das Gedicht viel zu schnell erledigt, man müsse mindestens eine Stunde, etwa auch mehr, auf ein Gedicht verwenden. Da ich zugab, das nicht zu können, empfahl sie mir ein Buch, aus dem ich die erforderliche Belehrung schöpfen könne. Das Buch, das ich mir sofort anschaffte, ist mir noch heute zuweilen eine Quelle des Vergnügens, wenn es mir auch nie eine der Belehrung wurde. Fast alle Gedichte, die in Schullesebüchern vorkommen, sind darin mit pedantischer Lust abgeschlachtet und kleingekäut, bis an die Stelle der natürlichen Freude am Gedicht der Ekel davorgetreten sein muss. «Wie war die Waschfrau in dem gleichnamigen Gedicht von Chamisso? Sie war arbeitsam, fleißig, fromm, treu. Woran sehen wir, dass sie treu war? Sie ernährte, pflegte und begrub ihren Mann.» Das Studium dieses Buches bestärkte mich eher in meinem Widerwillen gegen das schulmäßige Erklären von Gedichten, als dass es mich in eine brauchbare Methode einführte. Es gibt gewiss einen Weg, jungen Schülern die Bedeutung und Schönheit eines Gedichtes zugänglich zu machen, wobei man mehr Zeit verbrauchen kann, als ich zu tun pflegte; aber ich verfügte über diese Kunst nicht. Mir schien, entweder fühle man die Schönheit oder man fühle sie nicht, und den, der sie nicht fühle, solle man dabei lassen; mit Erklärungen könne man nur den Schmelz abstreifen.

Fand ich Schwierigkeiten im Unterricht, so war auch die Tätigkeit an der Bibliothek nicht ohne Schatten. Mit dem Publikum kam ich nicht in Berührung, die Herren hätten geglaubt, mir damit etwas Ungebührliches zuzumuten, und das Registrieren und Katalogisieren, das Anfertigen von Begleitschreiben zu Büchersendungen war bald erlernt und sehr langweilig. Indessen das ließ sich ertragen, die täglich sich wiederholende Unterlage des Berufs durfte schon langweilig sein; schlimmer war, dass meine besondere Leistungsfähigkeit nicht in Anspruch genommen, meine Kraft nicht ausgenützt wurde und die Arbeit mich doch ermüdete. Ich hatte darauf gerechnet, dass mir genug freie Zeit bleiben würde, um nun endlich meine dichterischen Pläne auszuführen; bald aber merkte ich, dass meine erste elastische Arbeitskraft sich in der trockenen Berufsschreiberei erschöpfte und mir die Stimmung zu schöpferischer Arbeit fehlte, wenn ich am späten Nachmittag nach Hause kam. Es mag sein, dass in jener Zeit der *Bundesschwur* entstand, ein Lustspiel, das den Einfluss der Französischen Revolution auf die Schweiz zum Gegenstande hat, und die Konflikte, die sich daraus ergaben. Ich gestehe, dass es nur, als ich es jetzt, nach mehr als vierzig Jahren, wieder las, einen guten Eindruck machte, obwohl es hie und da etwas ins Possenhafte fällt. Es hat anziehende, ausgeprägte Charaktere, komische Situationen, spannende Verwicklungen und rührende Lösungen und würde, gut dargestellt, gewiss das Publikum unterhalten, allerdings wohl nur ein schweizerisches, da es ganz auf schweizerische Verhältnisse gegründet ist. Im Ganzen aber brachte ich nichts Befriedigendes zustande und litt darunter; ich wollte blühen und Früchte tragen und saß ausgelaugt da und ließ die Stunden vorüberschleichen. Dieser Zustand änderte sich, als ich an der Großmünsterschule angestellt wurde.

Meine Erfolge an der Dreifräuleinschule waren so gering, dass ich mich über das Zutrauen wunderte, welches man mir durch Eröffnung einer Lehrtätigkeit an der städtischen höheren Mädchenschule erwies; ich verdanke es wohl meinen guten Zeugnissen und den günstigen Aussagen der Professoren, bei denen ich studiert hatte. Ich sollte Deutsch und Geschichte unterrichten an den Fortbildungsklassen, am Lehrerinnenseminar und an einer Abteilung, wo die Mädchen zur Universität vorbereitet wurden. Es handelte sich hier um eine höhere Stufe, weniger Gedichte waren zu erklären als Dramen, schon robustere Gewächse, die man eher zergliedern und untersuchen konnte. Die jungen Mädchen, denen ich hier gegenüberstand, waren im Durchschnitt etwa zehn bis zwölf Jahre jünger als ich; bei ihnen konnte ich für das, was ich zu geben imstande war, auf Aufnahmefähigkeit rechnen. Kinder zu unterrichten, muss gelernt sein, mit Erwachsenen kann man sich selbst zurechtfinden. So wenigstens schien es mir. Allerdings waren die Mädchen, die ich nun kennenlernte, zum Teil noch sehr kindlich; aber vielleicht waren sie grade deshalb sehr aufmerksam, sehr strebsam und voll guten Willens, etwas zu lernen. Das war besonders bei denen der Fall, die Lehrerinnen werden oder studieren wollten. Wenn die Schweizer Schulen in der ganzen Welt berühmt sind, so sind auch die Schüler, wenigstens die Schülerinnen, denn nur diese kann ich beurteilen, ausgezeichnet; dem Typus der jungen Dame, die nur mit einem Drittel ihres Wesens misslaunig durch die Klasse schlendert, weil der Hauptteil schon in den weltlichen Strudel geraten ist, bin ich nie begegnet.

Meine Stelle an der Bibliothek war mir doch zu wert, als dass ich sie gleich hätte aufgeben mögen. So lief ich denn zwischen Bibliothek und Schule, die einander benachbart waren, hin und her. Die Schule war im Jahre 1853 an Stelle des alten Chorherrengebäudes an das Großmünster angebaut worden und mit dem schönen Kreuzgang verbunden; ich hatte von dort nur ein paar Schritte zu meinem zweiten Arbeitsplatz. Wir waren damals nur ein kleiner Betrieb: außer Dr. Escher, Dr. v. Wyß und mir gab es, wenn ich mich recht erinnere, noch zwei Männer, die die Bücherausleihe besorgten. Wir drei arbeiteten in einem Zimmer, das allerdings sehr geräumig war. Mein Platz war an dem großen Fenster, unter dem jetzt die Zwinglistatue steht. Als ich im Neujahrsblatt über die in der Bibliothek aufbewahrte Wick'sche Sammlung schrieb, arbeitete ich wochenlang in der Wasserkirche, von der die städtische Bibliothek ihren Anfang genommen hat und an die das damalige Bibliotheksgebäude, das sogenannte Helmhaus, angeschlossen ist. Da war es kühl und still, die alten Folianten und Globen umher waren eine edle, feierliche Gesellschaft.

Mir war viel wohler, seit ich mehr zu tun hatte, wenn es auch zuweilen fast zu viel war, denn ich gab bis vierundzwanzig Stunden in der Woche, wozu noch der Bibliotheksdienst kam. Auf den allerdings musste ich schließlich doch verzichten. Es versteht sich von selbst, dass ich die Privatschule verließ, sowie ich an der städtischen Schule angestellt wurde; ich glaube, die drei Schwestern sahen mich gern scheiden.

Unterstraß war zu weit entfernt von der Bibliothek, als dass ich dort hätte bleiben können; ich verließ meine lieben alten Aargauer, um, ich weiß nicht von wem beraten, in eine von einer Frau Walder geleitete Pension überzusiedeln. Sie bewohnte damals ein schönes altes Haus an der Unteren Zäune, das den Namen Meerfräulein hatte. Meine beiden Zimmer gingen auf den Platz, wo einige Zeit vorher das alte Theater abgebrannt war; die Spuren davon waren noch sichtbar. Frau Sophie Walder, geborene Feldmann, war die Tochter eines Schweizers, der zu jener Zeit in Russland gelebt hatte, in der der bekannte Moser aus Schaffhausen dort sein Glück gemacht hatte. Von diesem merkwürdigen Mann und seinem Schicksal, das von dem ihres Vaters so verschieden gewesen war, erzählte sie mir oft. Beide Männer, die miteinander befreundet gewesen waren, hatten Russinnen geheiratet; Frau Walders Mutter hatte durch Verschwendung, Faulheit und andere dem schweizerischen Wesen fremde Eigenschaften ihren Vater sehr unglücklich gemacht und den Verfall seines Vermögens verschuldet. Die Tochter, Frau Walder, war im Gegensatz zu ihr die

Tüchtigkeit und Rechtlichkeit in Person. In unermüdlicher Tätigkeit sorgte sie gut für ihre Pensionäre, sie war viel zu wohlwollend und auch zu stolz, um sich an ihnen zu bereichern; es fehlte ihr nicht an einer gewissen Großartigkeit. Obwohl ihre Tage seit Jahren mit Hausarbeit angefüllt waren, erübrigte sie doch die Zeit, um dies und das zu lesen, sie brachte allem, was an sie herantrat, Interesse entgegen und war namentlich sehr musikalisch; von ihr hörte ich zuerst die Herrlichkeit der Matthäuspassion rühmen. Wenn ich jetzt den Chor höre «Ruhe sanfte, sanfte Ruh», begleitet ihn manchmal für mein Ohr aus weiter Ferne ihre Stimme, die ihn so sehr liebte und gern leise vor sich hinsang. Mein jugendlicher Appetit und meine Würdigung feiner süßer Speisen belustigten sie, und sie tischte mit besonderem Vergnügen meine Lieblingsgerichte auf. Zu der heiteren Grundstimmung der Pension trug das immer lustige und willige Dienstmädchen, das Dörle, bei, mit der ich noch jetzt in Beziehung stehe. Die starke gebogene Nase, die Brille und die stattliche Figur gaben Frau Walder etwas Gestrenges; aber sie hatte ein warmes gütiges Herz und ein feines Verständnis für Menschen, und ich denke mit Dank an sie zurück. Außer mir wohnten bei Frau Walder zwei allerliebste junge Mädchen, Schülerinnen des Pianisten Robert Freund, der eine bedeutende Rolle im Zürcher Musikleben spielte, und ein Student der Chemie, Edouard Marmier. Er fiel auf durch sein dunkles Gesicht von beinah negerartigem Typus, in dem zwei schwarze Augen geheimnisvoll glitzerten. Er hatte eine große

Liebe zu seinem Vater, mit dem er brieflich Schach spielte, und zu seiner Vaterstadt Estavayer-le-Lac, deren eigenartige Schönheit er mit Vorliebe schilderte. Aus seinen Erzählungen von dem dortigen Leben, namentlich den reizvollen alten Festen, entstand mir die kleine Märchennovelle *Der Mondreigen von Schlaraffis.* Er wohnte grade über mir, und wenn ich abends vor dem Schlafengehen noch eine Weile im offenen Fenster saß, saß er wohl in dem seinigen und spielte die Geige. Eine Stelle aus der damals neuen *Cavalleria rusticana* gefiel mir besonders gut: Es war dann, als ob die Nacht auf dem totenstillen Platze selber zu singen beginne.

Meinen hauptsächlichen Verkehr bildeten diejenigen Freundinnen, die mir mehr als Freundinnen, die mir so gut wie Familie wurden, Marianne Plehn, Marie Baum und Hedwig Waser; die Letztere, dadurch gebundener als wir, da sie bei ihrer Mutter lebte, konnte nicht regelmäßig mit uns zusammen sein, die wir uns beinahe täglich sahen. Mit ihrem blonden, lockigen Haar, ihren braunen Augen, ihrem raschen Wesen und dem Jugendglanz, der sie umgab, erschien mir Marie Baum, als ich sie zuerst sah, wie ein blühendes Apfelbäumchen, mit dem die Frühlingsluft spielt, und es kam mir von selbst auf die Lippen, dass ich sie Bäumchen nannte, ein Name, der ihr geblieben ist. Ich hatte, als ich sie eben kennengelernt hatte, den entschiedenen Eindruck, wir passten zusammen, sodass ich ihr vorschlug, wir wollten uns sofort du nennen, weil man später, nachdem man längere Zeit das Sie gebraucht hat, Mühe hat, zum Du überzugehen. Marianne Plehn, die dabei war, rief entrüstet aus: «Sie nennt sich du mit den jüngsten Semestern, während wir noch beim Sie sind!» Dem wurde nun abgeholfen. Wenn ich mich jetzt frage, was die Ursache war, dass grade diese Freunde mir Familie wurden, während ich doch auch vorher schon herzliche Beziehungen angeknüpft hatte, so mag die Erklärung zum Teil darin liegen, dass Marianne Plehn, Marie Baum und ich alle drei Norddeutsche waren, bei aller persönlichen Verschiedenheit in einer Atmosphäre aufgewachsen, die man als die des deutschen Idealismus begreift. Unsere Großeltern hatten inmitten der Ausstrahlungen des Goethe-Schiller-Zeitalters gelebt. Diese gemeinsame Grundlage schafft das Selbstverständliche, das den Umgang so leicht macht. Das aber trifft für viele zu; es muss doch noch etwas Anderes, Entscheidendes dazukommen. Der katholische Katechismus beginnt mit der Feststellung, der Mensch lebe, um zu Gott zu kommen. Nun waren wir damals nicht bewusst religiös gerichtet; aber den Sinn unseres Lebens suchten wir doch, ohne darüber nachzudenken, jenseits der Welt. Wenn man Gotteskinder und Weltkinder unterscheidet und unter Gotteskindern im weitesten Sinne solche Menschen versteht, die, obwohl sie ihren irdischen und weltlichen Aufgaben mit voller Hingebung, ja Leidenschaft genügen, doch durch sie nicht ausgefüllt sind, sondern ein höheres Sein darüber ahnen, und die infolgedessen der Welt gegenüber durch eine gewisse Naivität und Unbekümmertheit charakterisiert sind, derzufolge sie in der Welt oft zurückstehen, so habe ich mich unwillkürlich zu solchen immer besonders hingezogen gefühlt. Es pflegen gütige Menschen und Menschen voll Humor zu sein. Schließlich entscheidet bei so innigen, dauernden Beziehungen, wie sie damals zwischen uns entstanden, das Persönliche, das immer ein Geheimnis bleibt. Ein besonderer Reiz Bäumchens war ihr glockenhelles melodisches Lachen, das so oft, so oft in jener glücklichen Zeit ertönte. Nietzsche hat einmal gesagt, er habe immer einen Menschen nötig, mit dem er lachen könne; in diesem Punkte war ich wie Nietzsche. Zwar haben wir damals überhaupt viel gelacht; aber besonders leicht und grundlos erklang dieser Akkord zwischen Bäumchen und mir. Ich erinnere mich an einen sommerlich glühenden Nachmittag, als wir nach langer Wanderung in Rapperswil in einem Gasthaus am See einkehrten. Als der ersehnte Café complet auf der Veranda aufgetragen war, nahm Bäumchen die Kaffeekanne in die eine, die Milchkanne in die andere Hand und schenkte aus beiden zugleich in die Tassen ein. Über dieses abgekürzte Verfahren kamen wir in ein Lachen, das sich noch jetzt erneuert, wenn ich daran denke. Oder das Lachen überfiel uns, wenn uns zum Bewusstsein kam, dass wir schon eine Weile vor der Auslage eines Bäckerladens gestanden und andächtig die knusprig glänzenden Brötchen betrachtet hatten. Man sah uns so häufig zusammen, dass uns ein misslauniger Einsamer, der uns beobachtete, Kastor und Pollux nannte. Es versteht sich von selbst, dass auch ernste, ja traurige Dinge uns bewegten; aber das Dunkle nahm in der Freude des Zusammenseins leicht ihre lichte Farbe an. Wir fühlten uns gesund und kraftvoll, und die Zukunft war unser. Dass ich zehn Jahre älter als sie war, störte uns nicht, kam uns kaum zum Bewusstsein. Bäumchen war eine von den wenigen Studentinnen, der zu Hause nicht nur keine Schwierigkeiten in den Weg gelegt waren, die vielmehr zum Studium angehalten worden war. Sie sollte Mathematik studieren, wofür sie besonders begabt war; vielleicht nahm man in ihrer Familie an, von dem mathematischen Genie ihres Großvaters Dirichlet sei etwas auf sie übergegangen. Sie wandte sich aber bald, weil es ihr zu abstrakt war, von diesem Fach ab und ging zur Chemie über.

Nur vorübergehend, aber immer hochwillkommen, erschien unter uns die Malerin Luise von Kehler; aus Westpreußen stammend, war sie mit der Familie Plehn von jeher eng verbunden. Sie schwebt mir vor, wie ich sie zuerst sah, unter einem mit grüner Seide gefütterten Sonnenschirm, mit ihrem charakteristischen Gang, der mich an eine Bachstelze erinnerte. Etwas Leichtes und Beschwingtes verliehen ihr auch die ein wenig nach oben gebogenen Winkel ihres Mundes, der zu lieblichem Lächeln geschaffen schien. Ihre Anwesenheit war zunächst durch ihre Freundschaft mit Marianne Plehn veranlasst, allmählich häufiger durch Aufträge von meinen Freunden Reiff; so malte sie ein sehr feines und treues Porträt von der alten Frau Reiff. Ich dachte oft, sie sei eigentlich eine durch Zufall in die Malerei verschlagene Dichterin, worauf die wunderschönen Briefe mich brachten, die sie schrieb. Sie hatte viel mit der Technik des Malens zu ringen, was ihre Bilder auszeichnete, war ihre Auffassung der Persönlichkeit; ihre außerordentliche Fähigkeit, Menschen zu erleben, war die Grundlage ihrer Kunst und eignete sie im Leben zur Freundschaft. Ihre Augen waren so, wie man die der sogenannten Vorschauer beschreibt, die das zweite Gesicht haben, als sähen sie Dinge, die den meisten Menschen unsichtbar sind. Sie war sehr musikalisch und sang mit schöner Stimme, die mit keiner anderen vergleichbar war.

Durch Marianne Plehn und Bäumchen erfuhr ich nun auch allerlei von der naturwissenschaftlichen Fakultät. Marianne studierte Zoologie und, da sie auch das Oberlehrerexamen machen wollte, wozu zwei Nebenfächer verlangt wurden, Botanik und Geologie. Albert Heim, Professor der Geologie, war mit der etwas gnomenhaften Gestalt, dem großen Altmännerbart eine wohlbekannte, charakteristische Erscheinung. Er war stolz auf die Fortschritte und die Aufklärung, die anhand der Naturwissenschaften errungen waren, verabscheute das Christentum und glaubte, die Welt würde desto glücklicher werden, je vollständiger die Religion überwunden würde. Von der Tiefe religiöser Vorstellungen hatte er keine Ahnung und wurde infolgedessen schnell mit ihnen fertig, wie er denn zum Beispiel das Abendmahl für eine Menschenfresserei ansah. Wäre er über diese Dinge besser unterrichtet gewesen, hätte er wahrscheinlich anders, wenigstens nicht so verfehlt geurteilt. Seine Frau, Marie Vögtlin, war unter den ersten Frauen gewesen, die in der Schweiz Medizin studierten, eine sehr angesehene, beschäftigte Ärztin. Es verstand sich von selbst, dass Heim den studierenden Mädchen durchaus geneigt war, ebenso war Professor Arnold Lang, der Zoologe, ohne jedes Vorurteil. Überhaupt waren unter den Schweizer Professoren keine grundsätzlichen Gegner des Frauenstudiums, wie sie es auch nicht grundsätzlich befördert hatten; sie wollten den Frauen, die danach verlangten, Raum geben, ihre Fähigkeit zu beweisen, und als es ihnen gelungen war, das zu tun, ließen sie sie bereitwillig gelten. Lang war ein Mann von umfassendem Wissen und eine bedeutende Persönlichkeit; höchst anregend, voll Feuer und Unternehmungslust; Professor Schröter, der Botaniker, der Einzige von diesen dreien, der noch am Leben ist, tätig und teilnehmend wie je.

Bäumchen hörte hauptsächlich bei Professor Bamberger, den man nach seinem Äußeren für einen liebenswürdigen Gesellschaftsmenschen hätte halten können, der aber fast ausschließlich für die Wissenschaft und in ihr lebte. So verbindlich er im persönlichen Umgang war, so bis zum Übermaß leidenschaftlich konnte er bei wissenschaftlichen Streitigkeiten mit anderen Forschern werden. Ein schweres Leiden, das ihn früh befiel, machte der Laufbahn des unglücklichen Mannes ein Ende.

Um diese Zeit nahm der von Dr. Hans Bodmer gegründete Hottinger Lesezirkel einen merklichen Aufschwung; er wurde allmählich zum gesellschaftlichen und literarischen Mittelpunkt Zürichs. Bei welcher Gelegenheit ich die Brüder Bodmer kennenlernte, weiß ich nicht mehr zu sagen. Ihre Eltern bewohnten ein gemütliches Haus in der Gemeindestraße, ganz ähnlich dem von Frau Wanner, nur gepflegter, und nur durch einen schmalen kurzen Weg davon getrennt; so begegnete ich ihnen schon im ersten Jahre meines Zürcher Aufenthaltes häufig. Auch hat das Gefühl, Nachbarskinder zu sein, Hans Bodmer und mich immer in einem selbstverständlichen gegenseitigen Wohlmeinen verbunden. Seine Aufforderung, ein Singspiel für den Lesezirkel zu schreiben, machte mir Lust; ich wählte als Gegenstand das Märchen vom Dornröschen, das zu romantisch bunten, komischen, grotesken und gefühlvollen Auftritten Anlass geben konnte. Nachdem mein Entwurf angenommen war, begannen die Vorbereitungen und das Einstudieren, das eine Anzahl junger Menschen in fröhlicher Stimmung vereinigte. An die Aufführenden erinnere ich mich nicht mehr, nur dass den Prinzen ein hübscher Zürcher, Max Freudweiler, gab, der sich später das Leben genommen hat. Die Musik zu den zahlreich eingestreuten Liedern war von dem Kapellmeister Lothar Kempter komponiert, sanglich und leicht sich einschmeichelnd, sehr geschmackvoll dem anspruchslosen Charakter des Textes angepasst. Die Aufführung verlief durchaus befriedigend und ist für mich besonders denkwürdig, weil sie mittelbar den Anlass zu meiner Bekanntschaft mit Hermann und Emmi Reiff gab, einem jungen Ehepaar, dessen Freundschaft ein wertvoller, unvergesslicher Bestandteil meines Zürcher und meines späteren Lebens wurde.

An die Aufführung des Spiels schloss sich ein Ball, bei dem ich öfters mit einem jungen Basler tanzte, der mir erzählte, er sei als Gast bei Freunden in Zürich, die ich durchaus müsse kennenlernen, eben Reiffs. Der junge Basler hieß Emanuel Zäslin, war sehr hübsch und hielt sich für unwiderstehlich; es machte mir ein verzeihliches Vergnügen, ihm zu zeigen, dass das übertrieben sei. Er stammte aus einer Kaufmannsfamilie und war vielleicht in einer vorwiegend auf Geschäftsinteresse und Vorteil gerichteten Umgebung aufgewachsen; jedenfalls verachtete er jede Art von Erwerbstätigkeit und überhaupt jede nutzenbezweckende Beschäftigung, obwohl reichlicher Besitz Voraussetzung seines Lebens war. Infolge seines Zuredens und Anpreisens meiner Person machte Emmi Reiff mir eines Tages einen Besuch, eine schöne zartfarbige Blondine, der ihre frauenhafte Würde und Gemessenheit, die ebenso gut kindliche Schüchternheit sein konnte, reizend anstand.

Deutlich erinnere ich mich noch des ersten Abends, den ich bei Reiffs zubrachte, und wie Hermann in seiner trockenen und kühlen Art im Gespräch sofort auf das Wesentliche der Dinge zusteuerte, dadurch die Schranken der Fremdheit wegblies und sofort eine Stimmung zwischen uns herstellte, als wären wir alte Freunde. Er machte nie Konversation, was die Schweizer überhaupt weniger tun als wir Deutsche, was er sagte, war ihm eigentümlich, aus seinem Erleben und Denken gewachsen. Seine Intelligenz war durchaus nicht außerordentlich, aber sein Humor gab ihm etwas Überlegenes; ich habe kaum je einen Menschen gekannt, der in Rede und Gebärde, in jedem Zoll seines Wesens so von Humor durchdrungen war. Dass er reich war, konnte man ihm nicht anmerken, er trat nicht gern hervor, und auch wenn er selbst Gesellschaften gab, stand er am liebsten abseits wie der belanglosesten Gäste einer. Mittelgroß und schmal von Wuchs, war er leicht zu übersehen. Er sowohl wie Emmi kleideten sich einfach, wenn auch sehr gediegen, und auf Reisen stiegen sie nicht in prächtigen Hotels ab, sondern in den bewährten alten, bescheidenen Gasthäusern, deren es in der Schweiz so vorzügliche gibt. Die absonderliche Mischung von lautloser Zurückhaltung und witziger Überlegenheit in seinem Wesen lässt sich schwer beschreiben; mit einem flüchtigen, unbetonten Seitenblick konnte er einem die Summe seiner wohlfundierten kritischen Anmerkungen mitteilen. In der Unterhaltung war er viel ergiebiger als Emmi, aber sie war die wärmere, gewichtigere Persönlichkeit. Wenn ich mir den Wohllaut ihrer dunklen Stimme vergegenwärtige, überkommt mich Heimweh nach ihr. Doch konnte sie etwas Kaltes, Hartes und Schweres haben, wenn ihr jemand unsympathisch war oder irgendetwas sie verstimmte.

Reiffs bewohnten damals ein Haus in der Tödistraße, dessen Erdgeschoss die Geschäftsräume ausfüllten, während im ersten Stock die alte Frau Reiff wohnte, und den zweiten das junge Paar innehatte. Die alte Frau Reiff war in einfacheren Verhältnissen aufgewachsen, war sehr schlicht in ihrer Erscheinung und ihrem Auftreten und lebte, wenn auch den günstigen finanziellen Verhältnissen entsprechend, doch altmodisch einfach mit einem alten Mädchen im eigenen Haushalt. Sie sprach ungern Hochdeutsch und hat immer im Dialekt mit mir verkehrt. Während das Verhältnis zwischen Mutter und Schwiegertochter oft dornig ist, standen die alte Frau Reiff und Emmi sich sehr gut; Emmi hing mehr als an der eigenen Mutter an ihr, und sie liebte die Frau des Sohnes mindestens ebenso wie den Sohn selbst, der seine Gefühle nicht gern äußerte, besonders da nicht, wo sie als Pflicht von ihm erwartet werden konnten, und infolgedessen oft gar keine zu haben schien. Emmis Vater, Heinrich Franck, war der Begründer der bekannten Franck'schen Kaffeezusatz-Fabriken und außerordentlich reich. Emmi war streng erzogen und sehr zurückgehalten; als sie jung heiratete, war sie nicht nur ganz unerfahren, sondern auch geistig unentwickelt. Mit ihrem Mann und von ihm geleitet, hatte sie den ersten freien Blick ins Leben getan, mit seinen Gedanken zuerst über das Leben und die Menschen nachgedacht. Sie hatte deshalb mit der Liebe vermischt ein dankbares Gefühl für ihn, wie es uns etwa ein Lehrer einflößt, der maßgebenden Einfluss auf uns hatte; und diese Art der Verbundenheit beherrschte sie selbst dann noch, wenn sie sich einmal zu einem andern Manne hingezogen fühlte. So etwas konnte umso leichter vorkommen, als seine natürliche und grundsätzliche Trockenheit sie sicherlich etwas darben ließ. Ich glaube nicht, dass er ihr jemals sagte, wie schön sie war, oder dass er sie fühlen ließ, wie beglückt er ihre Nähe empfand; er wollte, man solle, ohne dass er es ausspräche, wissen, was er für einen fühlte. In einem solchen Falle wäre ihre erste Regung gewesen, zu ihm zu flüchten und ihn um Rat und Hilfe zu bitten. Sie war reicher als ihr Mann, aber sie hatte ihm gegenüber eine liebliche Art, sich zu geben, die ihr ganz natürlich war, als sei sie arm und habe alles von ihm zu empfangen.

Beider Verhältnis zum Geld war mir interessant. Emmis Vater hatte die Auffassung, der reiche Mann müsse sich als Verwalter seines Reichtums zugunsten seines Volkes ansehen, seine Pflicht sei, sich persönlich im Genusse des Reichtums bis zu einem gewissen Grade zu beschränken, um den Bedürftigen in vernünftiger Weise davon zukommen zu lassen. Wohltätigkeit war eine Pflicht, die der Besitzende dem besitzlosen Teil des Volkes gegenüber auszuüben hatte. Diese Anschauung hatte Herr Franck seinen Kindern fest eingeprägt, und Hermann Reiff teilte sie, ob von seinem Schwiegervater beeinflusst, weiß ich nicht. Er betrieb die Wohltätigkeit fast als Beruf, seine Zeit war zum großen Teil damit ausgefüllt. Ich fand diese Grundsätze schön, und doch entsprach der Betrieb mir nicht ganz; ich pflegte meine Freunde scherzweise die edlen Reiffs zu nennen. Wenn Emmi zu armen Frauen ging und mit ihnen ratschlagte, wie sie es anstellen sollten, mit 80 Rappen im Tage auszukommen, während sie selbst eine für jene unvorstellbare Summe für ihren Haushalt ausgab, so überlief mich ein peinliches Gefühl. Die kleinen Einschränkungen im Essen oder bei anderen Gelegenheiten auf der Grundlage überall spürbaren Reichtums kamen mir lächerlich vor. Hermanns Grundsatz war, nur denen zu helfen, die dadurch in die Höhe gebracht würden, bei denen die Unterstützung gut angewandt wäre, denen aber gründlich beizustehen. Er wusste immer von einer Menge gescheiterter Existenzen zu erzählen, die er untersuchte, und wenn er auf einen Fall geraten war, der die Mühe der Unterstützung lohnte, war er sehr befriedigt. Das war verständlich; aber wenn alle so dächten, was sollte dann aus den Allerärmsten werden, die eine mangelhafte Anlage zum Aufstieg hinderte? Und ließ sich überhaupt berechnen, welches Ergebnis eine Unterstützung grade in diesem Augenblick zeitigen würde? Sollte einen nie das natürliche Erbarmen hinreißen, das der Anblick des Elends im Herzen erregt? Sollte man nicht geben, wie der Christ gibt, weil Gott der Freund der Armen ist und geboten hat, sie zu lieben und ihnen mitzuteilen? Ich verschwieg meine Einwände nicht, und diese Dinge waren oft Gegenstand unserer Gespräche. Ich glaube jetzt, dass ich damals in mancher Hinsicht Unrecht hatte: Ich konnte mich in die Lage sehr reicher Menschen nicht genügend hineinversetzen, mir nicht vorstellen, wie sie beständig von Bittstellern überlaufen waren, unter denen die durchaus unwürdigen in der Mehrzahl waren, wie die Zahl und Zudringlichkeit der Bettelnden selbst das Wohltun zum Geschäft werden ließ. Wenn nicht Religion das Verhältnis zwischen Besitzenden und Besitzlosen weiht, ist eben der Reichtum selbst ein Problem. Und doch ist es gut, wenn es reiche Privatleute gibt, nicht nur, weil sie unabhängig sind oder weil sie die Kunst fördern können, sondern auch, weil ihre Wohltätigkeit persönlich und zufällig und deshalb glücklicher verteilt und wirksamer ist als die des Staates. Reiffs haben vielen Armen in großartiger Weise geholfen, und wenn ihre Art und Weise den Betreffenden nicht immer bequem war, so war sie ihnen sicher nützlich.

Im Laufe unserer Bekanntschaft bekam Emmi von ihrem Vater ein großes Haus am See in Rüschlikon geschenkt; sie nannte es nach der Farbe Rothaus. Oberhalb desselben gründete sie ein Heim für elternlose oder verlassene und verwahrloste Kinder, die von dort aus adoptiert werden konnten. Ich bin oft mit ihr dort gewesen. Es hatte etwas Ergreifendes, die schöne Kinderlose umringt von den spielenden Kindern zu sehen, die sie aufgenommen hatte, und für die sie sorgte.

Wie Reiffs bald mit allen meinen Freundinnen bekannt wurden, bildeten wir einen Kreis, der von dem Kreis ihres früheren Verkehrs vollständig getrennt blieb. Dieser setzte sich in der Hauptsache aus der Zürcher Finanz zusammen, und die mit ihm verbundene Geselligkeit war, wie es so zu gehen pflegt, ebenso sehr eine Belastung wie ein Vergnügen. Es waren wohl gute Freunde darunter; aber die Beziehung ohne Konvention, der Umgang der Wahl, die Freunde des Herzens waren wir. Jahre hindurch war ich in jeder Woche einmal des Abends bei Hermann und Emmi. Der schönste Augenblick war für mich, wenn Hermann zu Emmis Begleitung Cello spielte und ich, flach auf einem Teppich oder Fell liegend, zuhörte. Am liebsten hörte ich Corelli und andere italienische Komponisten des 17. und 18. Jahrhunderts, die ich auf diese Weise damals kennenlernte. Musik war die einzige Kunst, zu der Reiffs eine innere Beziehung hatten. Sicheres eigenes Urteil hatten sie in Bezug auf die bildende Kunst nicht, und vollends gar nicht in Bezug auf die Poesie. Daher kam es, dass sie über Wert oder Unwert der Zäslin'schen Dichtungen sich durchaus nicht im Klaren waren.

Was Zäslin berechtigte, ein Dichter sein zu wollen, war wohl hauptsächlich sein Hang zum Außergewöhnlichen, ein Hang, sich pathetisch und überschwänglich in Worten und Handlungen zu äußern. Gestaltungskraft besaß er nicht, und was er etwa an poetischer Begabung hätte haben können, wurde aufgehoben durch seine Unfähigkeit, etwas zu durchdenken, und durch seinen Mangel an Geschmack, der wohl ein Mangel an Verstand war. Dem Einfluss seines Namens mag es zuzuschreiben sein, dass sein Drama *Samuel Henzi* in Basel aufgeführt wurde. Das historische Gerüst hatte hier seine wonnetrunkene Fantasie etwas gestützt, sodass das Stück wenigstens ernst genommen werden konnte; es war sogar eher trocken geraten. Reiffs und ich fuhren nach Basel hinüber, um der Vorstellung beizuwohnen. Ich war nicht ohne Sorge; aber ein annehmbarer Achtungserfolg wurde erreicht. Diejenigen Dichtungen, in denen Zäslin sich so recht die Zügel schießen ließ, waren unbeschreiblich komisch, namentlich an jenen Stellen, wo er die höchsten Trümpfe ausgespielt zu haben glaubte. So kam zum Beispiel in einem Drama ein Reigen schwangerer Frauen vor, die etwas zu singen hatten, und er meinte damit die Fülle der Natur, das ewig quellende Leben und dergleichen, zu unwiderstehlicher Anschauung gebracht zu haben. Auch auf das Äußere seiner Bücher erstreckten sich seine außerordentlichen Einfälle: Er gab einen Band Gedichte heraus, dessen erste und letzte Blätter leicht rosig angehaucht waren, während sie nach der Mitte hin immer röter wurden, damit das ganze Buch einer Rose gliche. Er hatte die liebenswürdige Eigenschaft, dass man über seine Werke lachen und sie kritisieren durfte, wenn er fühlte, dass es in freundschaftlicher Absicht geschah; aber aus dem bodenlosen Durcheinander seiner Vorstellungen kam er nicht heraus. Trotz dieser geistigen Schwäche, und obwohl er im Grunde ebenso unzulänglich als Mensch wie als Dichter war, musste man ihn gernhaben, und nicht nur, weil er hübsch war. Er war ein liebenswürdiger, stets gut gelaunter Gesellschafter, sang mit angenehmer Stimme, war freimütig, gutmütig, herzlich, verträglich, hatte Mutterwitz, war nie Spielverderber. Meine Empfänglichkeit für seine liebenswerten Eigenschaften ging so weit, dass ich einige Wochen lang mit ihm verlobt war, wenn man eine Beziehung so nennen will, von der ich mir nicht vorstellen konnte, dass sie mit einer Heirat endete. Marianne Plehn, die ihm wohlwollte, war mit meinem Verhalten sehr unzufrieden. «Du liebst ihn ja gar nicht», sagte sie missbilligend zu mir. «Aber er ist doch so niedlich», wandte ich ein. «Man heiratet einen Mann nicht, weil er niedlich ist», sagte sie streng. Ich fühlte, dass sie recht hatte. Was für ein glückseliger Tag war es für mich, als ich mich zu der Lösung dieses planlosen Verhältnisses aufgerafft hatte! Damals erfuhr ich, dass eine Entlobung weit beglückender als eine Verlobung sein kann. Das Hochgefühl wiedergewonnener Freiheit trübte ich mir nicht durch Selbstvorwürfe wegen der Zäslin etwa zugefügten Enttäuschung. Ich war der Meinung und bin es noch, dass eine Frau mit derartigen Kränkungen Männern keinen erheblichen Schaden zufügt; denn erstens finden sie leicht eine andere, wenn ihnen daran liegt, und zweitens wissen sie ihre Freiheit umso viel höher zu schätzen, als sie für sie wirksamer und gehaltvoller ist.

Zäslin fand wirklich bald eine andere. Später hat er in Italien eine unheilvolle Ehe mit einer Italienerin geschlossen, deren unvergleichliche Schönheit er pries. Man erzählte sich, er sei zu einem kurzen Besuch nach Basel gekommen und habe sie seinen Verwandten vorgeführt, wobei sie so dicht verschleiert gewesen sei, dass niemand ihr Gesicht gesehen habe. Als er sich des Italienischen mächtig fühlte, schrieb er eine Reihe von Dramen in italienischer Sprache und ließ sie in prächtiger und kostbarer Aufmachung erscheinen; gelesen hat sie wohl nie jemand. Er ist, soviel ich weiß, in ärmlichen Verhältnissen gestorben.

Der größte Teil meines täglichen Lebens war natürlich durch den Beruf, den Unterricht in der Schule, eingenommen. Da ich mir meines Mangels an Erfahrung und auch an Begabung für die Lehrtätigkeit bewusst war, hatte ich vor jeder Stunde Angst. Manchmal zitterten mir die Knie, wenn ich das Klassenzimmer betrat. Glücklicherweise wusste ich, dass mir dieser klägliche Zustand nicht anzumerken war, außer von solchen, die mich genau kannten. Anfangs hatte ich noch keinen Begriff, wieviel Stoff in eine Stunde hineingeht, zumal wenn man ihn nicht mit einer flotten Redewalze zu verbreitern versteht, und bemaß ihn bei der Vorbereitung zu kurz; dann erwartete ich mit behender Ungeduld das Klingelzeichen, das die Stunde beendete. Furchtbar war es, wenn sich mitten in der Stunde die Tür auftat und die Herren und Damen der Schulkommission rücksichtsvoll leise eintraten, um mein Wirken zu begutachten. Besonders ein großer und dicker Herr flößte mir Unbehagen ein, der ein wenig schielte und mit einem Auge die Klasse, mit dem anderen mich in Obacht zu nehmen schien. Übrigens verhielt er sich sehr wohlwollend gegen mich, ebenso wie alle andern, obwohl nicht alle, wie ich erfuhr, für die Anstellung der Fremden gestimmt hatten. Der Vorsteher der Erziehungsdirektion war Herr Grob, ein kleiner freundlicher Mann. Ich habe einmal irgendwo ein Gedicht von ihm gelesen, das ungefähr folgendermaßen anfing: Wie ist es so herrlich zu leben – auf dieser verlästerten Welt – wo Wohltun und nützliches Streben – die Menschen zusammenhält. Es sprach sich darin jene Art von demokratischem Optimismus aus, über die ich lachen musste; aber die wahrhaft menschliche, gütige und feine Art des Menschenfreundes habe ich dankbar erfahren. Als mein Roman *Erinnerungen von Ludolf Ursleu* erschienen war und Beachtung fand, beschied er mich eines Tages zu sich. Er sagte mir, dass er mit meiner Tätigkeit an der Schule zufrieden sei und hoffe, ich werde immer fester mit ihr verbunden werden. Da sei nun ein Buch von mir herausgekommen, das für junge Mädchen nicht geeignet sei. Er wolle sich darauf nicht einlassen, überhaupt komme ihm nicht in den Sinn, einem Schriftsteller Schranken zu bestimmen; aber da ich nun einmal Lehrerin an einer Mädchenschule sei, würde es einen guten Eindruck machen, wenn ich auch einmal ein Buch für junge Mädchen schriebe. Ich erwiderte, dass ich wenig Zeit zu schriftstellerischer Tätigkeit habe und wohl nicht so bald wieder einen Roman schreiben würde; dass ich aber jedenfalls auf das angewiesen sei, was mir einfiele und mich ergriffe, kurz auf eine innere Notwendigkeit, und mich nicht durch außerhalb dieses Antriebs liegende Absichten bestimmen lassen könnte. Weiß ich auch nicht mehr wörtlich, was ich sagte, so waren es doch mehr ablehnende als ausweichende Worte, die ich, natürlich mit geziemender Höflichkeit und Bescheidenheit, vorbrachte. Herr Grob nahm sie gütig und sogar verständnisvoll auf; er kam nie darauf zurück, und ich habe nie eine Beeinträchtigung meiner Stellung vonseiten der Erziehungsdirektion erfahren.

Da ich mich anfangs auf jede Stunde gründlich vorbereiten musste und außerdem die Aufsätze mehrerer Klassen durchzusehen hatte, blieb mir in der Tat wenig freie Zeit. Meistens war ich sowohl vormittags wie nachmittags an der Schule beschäftigt und fand zu Hause einen Haufen von Heften vor, der abzutragen war. Mit den Kollegen, die ich in den Pausen im Lehrerzimmer traf, stand ich gut, nur vom Direktor, Herrn Stadler, hatte ich das Gefühl, dass er mir misstraute. Wenn er meinte, dass ich nicht mit Leib und Seele, mit jeder Faser meines Wesens Lehrerin war, so hatte er im Grunde recht; aber da ich mich trotzdem bemühte, meinen Platz gut auszufüllen, konnte er mir keinen Vorwurf machen und hat das auch nie getan. Peinlich und langweilig waren mir die Sitzungen, wo die Herren bedenklich, sorgenvoll und entrüstet über jede kleine Mutwilligkeit oder Nachlässigkeit der Schülerinnen zu Gericht saßen. Die lieben Mädchen waren im allgemeinen so gutartig, so tüchtig, so strebsam, dass man ihnen eine gelegentliche Ausgelassenheit wohl hingehen lassen konnte. Ich hatte sie gern, und sie hatten mich gern. Am liebsten unterrichtete ich am Seminar, wo ein wahrhafter Eifer zu lernen und sich zu bilden bestand. Es kam mir zugute, dass ich, ohne es zu beabsichtigen, streng, ja vielleicht beinahe gebietend, wirkte; es ist kaum jemals vorgekommen, dass ich ein tadelndes Wort hätte aussprechen müssen, ein ernster oder erstaunter Blick genügte. Als Belastung empfand ich die Schulausflüge, denen ich mich nicht entziehen konnte, wenn es meine Klassen anging. Tagelang keine Minute für mich sein zu können, war mir fast drückender als die Verantwortung. Lebhaft erinnere ich mich eines mehrtägigen Ausflugs über den St. Gotthard. Fröhliche Wanderlust herrschte, abends, wenn man im

Quartier angelangt war, wurden etwa noch Spiele gemacht; mit meinen langen Beinen war ich beim Laufen immer unter den ersten. Für die Maroden gab es Fahrgelegenheit. Unter vielen sind immer einige, denen etwas zustößt, denen es schlecht wird, die sich irgendetwas zu Gemüte ziehen. Oben auf dem Gotthard hatte die eine sich den Magen verdorben, eine andere konnte die Höhenluft nicht vertragen, und nachdem ich für diese so gut es ging gesorgt hatte, musste ich noch zu allen zum Gutenachtsagen ans Bett kommen. Wie jung, frisch, empfänglich und erwartungsvoll sie waren, und doch hatten die meisten von ihnen ein Leben voll Anstrengung und mancher Entbehrung vor sich. Wenn ich an ihrem Bett stand und ihnen Gutenacht sagte, wäre ich gern eine Fee gewesen, um ihnen ein Pfand des Glückes aufs Kissen zu legen. Im Gotthardtunnel, durch den wir die Rückreise machten, bekam eine mir sehr liebe Schülerin, ich glaube es war Martha Usteri, eine hübsche Blonde, die sich später nach Manila verheiratete, asthmatische Zustände, weil sie in dem geschlossenen Raum nicht atmen konnte. Während der ganzen Fahrt klammerte sie sich stöhnend an mich. Die halbe Stunde im Tunnel wollte kein Ende nehmen, und jetzt sind mehr als vierzig Jahre seitdem verflossen.

Freuden ohne Schatten waren die Ausflüge oder Festlichkeiten, die wir im Freundeskreise veranstalteten. Kahnfahrten liebten wir besonders, deren Ziel meist Bendlikon oder Küsnacht oder die Halbinsel Au war. Die täglichen Pflichten und Ärgernisse waren vergessen, wenn wir, ein Boot voll Jugend und Glück, über den geliebten See hinruderten, lachend und singend, Bäumchen und ich mit Vorliebe das Duett: Der Zweig erzittert – Weil ein Vöglein drauf flog – Mein Herz erzittert – Weil Erinnerung es durchzog. Mit den Pensionsgästen in der Unteren Zäune bestieg ich einmal den Ütliberg bei Nacht, wo wir die Sonne aufgehen sehen wollten. Wir gingen zeitiger als sonst zu Bett und schliefen bis zwei oder drei Uhr; dann brachen wir auf, sahen den Sonnenaufgang, frühstückten und waren zur Zeit wieder unten, dass ich um acht zum Unterricht in der Schule sein konnte. Eigenartig schön war es, auf dem Ütliberg das Nebelmeer zu sehen, wenn Plakate in der Stadt verkündeten: Ütliberg hell! Wenn nach dem Aufstieg in der dicken Wolkenhülle diese allmählich durchsichtiger wurde und plötzlich die reine Glorie des Lichtes da war, und man die titanischen Massen tief unter sich wogen sah, das hatte etwas Überwältigendes.

Das schönste Fest war unstreitig das Sechseläuten, der uralte Frühlingsjubel um die Flamme, die den Winter verzehrt und zum dämmernden Himmel auflodert. Wir beendeten den Tag nicht selten bei Reiffs, nachdem wir, an dem allgemeinen Hin- und Herwogen teilnehmend, uns müde geschaut und gefreut hatten. Einen Geburtstag Hermann Reiffs feierten wir durch ein Gedicht, das ich gemacht hatte. Wir stellten die vier Elemente vor, die sich merkwürdig gut unter uns verteilen ließen: Hedwig Waser war das Feuer, Marianne Plehn die Erde, Luise von Keller die Luft und ich das Wasser. Prächtig stand Hedwig das scharlachrote Kleid und der Kranz von roten Klatschrosen, ich hatte einen seidenen, mattblau und weiß gestreiften Stoff lose angeworfen. An meinem dreißigsten Geburtstag war ich selbst Gegenstand eines Festes. Wenn sich in die Feier der späten Jahrzehnte ein dicker Tropfen Wermut mischt, so war diese eitel Freude. Alle waren mit Blumenkränzen geschmückt. Mir überreichte ein vierjähriges Töchterchen von Hermanns in Genua verheirateter Schwester einen Kranz von weißen Seerosen und sagte dazu einen Vers auf: Diese Blumen nimm sie hin – Holde Herzenskönigin – Ruh auf unserer Liebe weich – Wie die Wasserros' im Teich. Während des Abendessens hielt Hermann eine parodistische Rede, die in den Worten gipfelte: Andere haben ihren Goethe, ihren Schiller, wir haben unsere Huch. Unvergleichlich witzig wusste er den rollenden Ton und die platten Wendungen mancher volkstümlicher Festredner zu treffen. Das große Trachtenfest des Hottinger Lesezirkels habe ich nicht mehr miterlebt. Doch trat ich noch einmal in seinen Dienst bei der Einweihung der neuen Tonhalle im Herbst 1895, die zufolge der Anwesenheit von Johannes Brahms, dessen Triumphlied aufgeführt wurde, sich zugleich zu einer Brahmsfeier gestaltete. Ich schrieb drei kleine Szenen innerhalb einer Rahmenhandlung, bei der der leitende Gedanke war, dass zu den drei Zürcher Heiligen, Felix, Regula und Exuperantius, eine vierte, die Musik, hinzukam. Es hieß nachher, indem man den Tadel in ein Lob verkleidete, die Dichtung sei zu fein gewesen, um in diesem Rahmen zu wirken, und gewiss war es natürlich, dass der harmlose Scherz neben den großen musikalischen Kompositionen, die geboten wurden, sich nicht behaupten konnte. Ebenfalls in meine letzten Jahre fielen die Besuche des Vortragskünstlers Emil Milan, die für das gebildete Zürich ein willkommener Genuss waren. Im Allgemeinen liebe ich es nicht, schöne Gedichte vortragen zu hören, begreife ich doch gut, dass Goethe grade die einfachen Zelter'schen Kompositionen seiner Lieder schätzte. Das schöne Gedicht hat seine eigene Melodie in sich, die nur allzu leicht vor fremden Eingriffen zurückweicht. Milan indessen ließ das Gedicht in seiner Eigenart erklingen. Er trug es mit angenehmer Stimme ganz schlicht so vor, wie wir es wohl selbst in unserer Seele vernahmen, nur dass es durch ihn in allem Glanze der Sinnlichkeit hörbar wurde. Mit Vorliebe sprach er Balladen von C. F. Meyer: «Die Füße im Feuer» – «Die Rose von Newport» – aber auch lyrische Kostbarkeiten wie «Füllest wieder Busch und Tal». Er wusste alles auswendig, auch größere Prosastücke, zum Beispiel Abschnitte aus Werthers Leiden, und zwar so, dass an ein Steckenbleiben nicht zu denken war, weil er in diesen Augenblicken den Dichter selbst darstellte; so könnte man sich den Vortrag eines Barden der alten Zeit denken. Ich glaube, dass alle die damaligen Zuhörer des liebenswürdigen Mannes die von ihm vorgenommenen Stücke ihr Leben lang mit seinem Klang und Tonfall im Geiste gehört haben.

Die breite glänzende Landschaft, in die Zürich eingebettet ist, bildet für Feste im Freien einen imposanten Hintergrund, wie er nicht leicht anderswo zu finden ist.

Überhaupt aber scheint in der Schweiz ein besonderes Talent für das Festefeiern vorhanden zu sein, ohne dass es wie in München dem Geschick und der Farbenlust eines Künstlerkreises zu danken wäre. Vielleicht ist auch hier die Tradition wirksam. Bei den Regatten, den Umzügen, den Schlachtengedenkfeiern überwiegt nie der Pomp, so prächtig auch die Inszenierung sein mag, schon weil der weite Himmel und der flimmernde See doch alles überstrahlen, hauptsächlich aber weil sie so volkstümlich, so vaterländisch und so künstlerisch durchdacht sind, dass die Idee, der die jeweilige Feier unterstellt ist, nicht durch Dekorationsmasse erdrückt werden kann. Die in der Schweiz so hohe Schätzung der Bildung und die ausgleichende Macht der Kultur machen sich bemerkbar. Man könnte etwa einmal zu viel belehrt, aber nicht leer angelärmt werden.

Mein Herz erzittert – weil Erinnerung es durchzog. Das Antlitz der Erinnerung ist wehmütig, denn die Stätten, zu denen sie uns führt, sind oft wie versunkene Meerstädte mit altfränkischen seltsamen Giebeln und Toren, deren Bewohner uns süß vertraut und zärtlich ansehen und deren einer uns zuflüstert: Verlass uns, denn dies ist Vineta, die nur einmal in hundert Jahren vom Meeresgrunde aufsteigt, und wenn die Mitternacht schlägt, werden wir versinken. Nur in der Erinnerung gibt es noch die kleinen ländlichen Häuser der Gemeindestraße, deren Türen nachts zutraulich offenstanden. Das nachbarlichgemütliche, gärtenumblühte, vergangenheitumwitterte Zürich ist versunken. Während des

Jahrzehnts, das ich in Zürich zugebracht habe, 1887 bis 1896, veränderte sich seine bauliche Erscheinung in entscheidender Weise. Das Theater am See, die Tonhalle, das sogenannte rote und weiße Schloss, viele Häuser an der Bahnhofstraße entstanden. An all diesen Projekten und ihrer Ausführung nahmen meine Freunde und ich lebhaften Anteil, handelte es sich doch um unser Zürich, unser geliebtes Zürich. Kaum eins der neuen Gebäude befriedigte: Sie haben den etwas aufdringlichen, prahlerischen Charakter, womit man in jener Zeit Wucht und Größe auszudrücken, dem Aufschwung eines wohlhabenden Gemeinwesens zu entsprechen meinte. Das Zurückhaltende, Aristokratische, das allen Schweizer Städten ursprünglich eigen war, ging dadurch verloren, wenn auch nicht in dem Maße, wie es in vielen deutschen Städten nach 1870 der Fall gewesen war.

Wenn man die Sommernachmittage oder die Sommerabende im Freien zubringen wollte, lief man den Zürichberg hinauf zum Schlössli oder zur Karolinenburg oder zum alten Dolder. Das waren einfache weiße Häuser, neben denen etwa ein paar hohe Pappeln standen, wo sehr frugal gespeist wurde. Man traf nur wenig Menschen dort, keine Gesellschaft, die gestört hätte. Es war schön, auf den See herabzusehen, besonders wenn feierlich das Samstagabendgeläut erbrauste. Wenn ich jetzt zwischen eleganten Villen den alten Spuren nachgelte, fallen mir die Verse meines Zeitgenossen, des Basler Dichters Dominik Müller, ein: Es ist wohl schön und angenehm – doch ist's nicht mehr wie ehedem!

Es geht den meisten Menschen wohl so, dass sie auffallende Veränderungen in einer Stadt, die sie lange bewohnt haben und die sie lieben, mit missgünstigem Blick betrachten, obwohl sie selbst sich beständig verändern und keineswegs immer zum Vorteil. Und wie schön ist doch auch das neue Zürich, wie prächtig das Gewimmel der ansehnlichen Häuser, die sich den Berg hinauf gedrängt haben, wie heiter sind die Zeichen eines unaufhaltsamen, üppigen Wachstums, weithin verbreiteten Reichtums. Wer wäre so kleinlich, einer gastlichen Stadt zu grollen, weil sie sich in einer anderen Richtung entwickelte, als man selbst wünschte oder voraussehen konnte? Auch hörte keiner aus meinem Freundeskreis auf, Zürich wie eine Heimat zu lieben, und nichts lag im Grunde ferner als die Möglichkeit, ich könnte sie freiwillig verlassen. Was die Ursache war, dass ich aus Frau Walders Pension schied, weiß ich nicht mehr: Jedenfalls habe ich die letzten Jahre meines Zürcher Aufenthaltes auf dem Schanzenberg verlebt, dem großen, hochgelegenen Hause, zu dem man an der Kantonsschule vorüber hinaufsteigt. Außer der angenehmen Lage des Hauses hatte dieser Wechsel den Vorzug, dass unter demselben Dach, aber auf der andern Seite des weitläufigen Gebäudes, meine Freundinnen Marianne Plehn und Marie Baum wohnten. Unsere Hauswirtin war Frau Dr. Nagel, eine gutmütige, etwas ratlose Frau, die es mit ihrem blonden, selbstsicheren Manne nicht leicht hatte. Er behandelte ihre beiden Kinder aus erster Ehe stiefväterlich; besonders empörte uns, dass er sie, wenn sie ihm unartig vorkamen, damit zu bestrafen pflegte, dass er sie stundenlang in den Keller sperrte. Abends aßen wir bei einer von uns dreien, selten ohne dass irgendein Gast hinzugekommen wäre. Diejenige, an der die Reihe war zu bewirten, setzte ihren Stolz hinein, den Tisch durch eine zwar höchst bescheidene, aber sonst nicht übliche Leckerei zu würzen. Darin war Marianne besonders erfinderisch. Auch sonst sorgte sie für Überraschungen, wenn sie zum Beispiel Probleme erzählte. Sie beschrieb dann zwei Leute ihrer Bekanntschaft, einen Mann und eine Frau, die sich liebten, zwischen denen sich aber innere und äußere Schwierigkeiten auftürmten, und es wurde unsererseits darüber beratschlagt, ob und wie dieselben aus dem Wege geräumt werden könnten. Zum Schluss wurde die Lösung, wenn eine solche schon vorhanden war, bekanntgegeben. Ich war dabei meist ungeduldig und schnell fertig: Man liebt sich, dann gibt es keine Hindernisse, wer von unüberwindlichen Hindernissen redet, liebt nicht. Oder ich bat: «Marianne, spiel das Polenlied.» Das Polenlied hatte eine wiegende, schwärmerische Melodie, die mir sehr zusagte, und wenn ich es im Geiste höre, fühle ich den Zauber jener glücklichen Stunden. Aber ich bitte Marianne jetzt vergebens darum: Sie spielt es nicht mehr. Zuweilen belustigte sie sich damit, da sie meine leidige Gespensterfurcht kannte, mir durch Erzählen von unheimlichen Geschichten gruseln zu machen. Namentlich eine wusste sie, die durch eine Mischung von Humor und grotesker Schaurigkeit einzig war, und die wir nicht müde wurden zu hören, wie man ein Musikstück gern immer wieder hört; sie würde jedoch, wenn ich sie wiederzugeben versuchte, ihren größten Reiz verlieren, den Mariannes Vortrag ihr gab.

Eine neue Bekanntschaft wurde mir dadurch, dass eines Tages auf der Rämistraße eine hochgewachsene Dame mit schneeweißem Haar mich mit der Frage anhielt, ob ich Ricarda Huch sei. Es war Frau Emilie Heim, die Witwe des Zürcher Musikers, nach dem der Heimplatz benannt ist, die mich liebenswürdig einlud, sie zu besuchen. Ich tat es gern und war seitdem häufig ihr Gast. Sie war eine sehr gebildete und angeregte Frau, die, durch ihren Mann viel mit Musikern in Berührung gekommen, auch mit Richard Wagner gut bekannt gewesen war. Sie erzählte mir mancherlei von ihm, und einiges davon ist mir im Gedächtnis geblieben. In Bezug darauf, dass Mathilde Wesendonck sich nicht entschließen konnte, ihm anzugehören, habe er gesagt: «Kind, die hatte ihre Millionen zu lieb!» Besonderen Eindruck machte mir, dass er von Mozart gesagt habe: «Ja, das war ein Musiktier!» Die Erkenntnis, dass Mozart einen natürlichen Quell Musik in sich hatte, der ihm fehlte, vielleicht weil er überhaupt erschöpft war, und den er durch den Intellekt ersetzen musste, schien sich darin auszusprechen.

Die Anstellung an der Schule war es wohl, die mir den Gedanken nahelegte, die schweizerische Staatsangehörigkeit zu erlangen; denn meine Tätigkeit dort galt allgemein als eine Lebensstellung. Es schien keine Schwierigkeit zu haben, da ich seit mehreren Jahren in der

Schweiz lebte, und da mein Gesuch durch angesehene Zürcher Bürger unterstützt wurde. Auch kamen mir die Behörden aufs Freundlichste entgegen, und die Angelegenheit wäre bald erledigt gewesen, wenn sich nicht auf meiner Seite ein unvorhergesehenes Hindernis gezeigt hätte. Mein Vater war als ganz junger Mensch nach Brasilien gegangen und hatte dort, nachdem er Teilhaber einer kaufmännischen Firma geworden war, das Bürgerrecht erworben. Dass mein Vater, der so leidenschaftlich an seinem Vaterland hing, wie es eben die Auslandsdeutschen zu tun pflegen, nicht auch staatsrechtlich Deutscher war, hatte ich nicht gewusst; man pflegte sich damals überhaupt um solche Dinge wenig zu bekümmern. Da meine Mutter nicht mehr lebte, meine Schwester durch Heirat, mein Bruder durch seinen Beruf Deutsche geworden waren, hatte nach dem Tode meines Vaters, der stattfand, als ich bereits in der Schweiz war, niemand daran gedacht, nach den betreffenden Papieren zu suchen; kurz, es waren keine vorhanden, die über die Staatsangehörigkeit meines Vaters, von der die meinige abhing, etwas ausgesagt hätten. Die Herren, mit denen ich zu verhandeln hatte, sahen wohl ein, dass ich mich schuldlos in einer schwierigen Lage befand, und bedauerten mich; aber sie blieben dabei, sie könnten mich nicht in das Schweizer Bürgerrecht aufnehmen, bevor ich aus dem vorhergehenden entlassen wäre, was nicht möglich sei, wenn sich der Charakter desselben gar nicht feststellen lasse. Sie gingen so weit, sich in meinem Interesse an die Behörden in Porto Alegre zu wenden, wo mein Vater gelebt hatte; aber da grade Umwälzungen in Brasilien oder nur Unordnungen in den zuständigen Ämtern stattgefunden hatten, war keine befriedigende Auskunft von dort zu erlangen. So wurde trotz aller Bemühungen meiner Zürcher Freunde aus meiner Nationalisierung nichts. Als es mir später meine Staatenlosigkeit beinahe unmöglich machte zu heiraten, wurde das Problem dadurch gelöst, dass brasilianische Freunde meines verstorbenen Vaters, die in Hamburg lebten, unter Eid aussagten, dass er das brasilianische Bürgerrecht besessen habe.

Während ich versuchte, Schweizerin zu werden, hatte ich nie das Gefühl, dadurch mein deutsches Vaterland aufzugeben oder gar zu verraten. Man pflegte damals in der Schweiz scherzweise von Deutschland als vom großen Kanton zu sprechen. Das entsprach ganz meinem Empfinden; es drückte sich darin das Bewusstsein der einstigen Zusammengehörigkeit aus, und wenn das wirkliche Verhältnis umgekehrt war, da Deutschland in dieser Wendung zu einem Gliede der Schweiz gemacht wurde, das sich von ihr abgetrennt hätte, so lag insofern etwas Wahres darin, als Deutschland von den Ideen und Formen des alten Reiches der Deutschen mehr abgewichen war als die Schweiz. Das betraf allerdings Verhältnisse und Beziehungen, die den Laien nicht so geläufig waren wie den in der Geschichte Bewanderten; aber gerade mit solchen kam ich viel zusammen. Wohl bemerkte ich allmählich, dass im Volke vielfach mehr der Gegensatz zu Deutschland als die Erinnerung an den einstigen Zusammenhang lebendig war, dass für die welsche Schweiz die historischen Grundlagen der Eidgenossenschaft und ihr kultureller Zusammenhang mit Deutschland, der den Gebildeten und namentlich den Studierten in der deutschen Schweiz wert war, wie es schon die Sprache bedingt, weniger ins Gewicht fiel. Es begegnete mir, dass Schweizer ein erstauntes und ungläubiges Gesicht machten, als ich gelegentlich sagte, dass Wilhelm Tell, gesetzt er habe gelebt, ein Deutscher gewesen sei und von den Deutschen als deutscher Held verehrt werde. Junker Wyß, Meyer von Knonau, Hermann Escher hatten freundschaftliche Beziehungen zur deutschen Gelehrtenwelt, die beiden Letzteren reisten beinah jedes Jahr einmal nach Deutschland. Dabei waren sie selbstverständlich treue Schweizer und hätten den letzten Blutstropfen für die Unabhängigkeit ihres Landes hingegeben. Fast könnte ich sagen, dass auch ich das getan hätte; denn das, was die Schweiz auch mir war, war sie ja nur als selbstbewusstes, unabhängiges Gebilde, das Ideale hochhielt, die auch meine waren, die sie nur als von den Alpen und eigener Kraft geschütztes freies Asyl pflegen und verkörpern konnte. Die Schwierigkeit, die darin lag, dass die Schweiz zu Frankreich ebenso gute Beziehungen hatte wie zu Deutschland, während der Gang der Geschichte Frankreich zu unserm Erbfeind gemacht hatte, unterschätzte ich.

Dass ich bald, nachdem ich mich bemüht hatte, Schweizerin zu werden, freiwillig die Schweiz verließ, ist nicht leicht zu begreifen. In Zürich war ich in den Besitz meiner selbst gekommen, hier wurde mir zuerst das Bewusstsein der eigenen Persönlichkeit und der eigenen Kräfte; denn zu Hause wird man als Glied einer Familie ohne eigenes selbständiges Wesen in eine vorhandene Rubrik eingeordnet; in der Fremde, wo man für sich allein steht, muss man sich Unbekannten bekannt machen und ihnen seinen Wert beweisen. Hier hatte ich Freunde, mit denen ich mich innig verbunden fühlte, in deren Liebe ich wirklich weich ruhte, wie ich solche anderswo wiederzufinden kaum hoffen konnte, hier hatte ich eine geachtete und gesicherte Stellung, in die ich immer wirksamer hineinwachsen konnte. Im Grunde war es aber gerade diese Stellung, dieser Schulberuf, der mich dazu brachte, so teure Bindungen zu lösen, eine so großmütige Heimat aufzugeben. Mein Beruf befriedigte mich immer weniger. Anfangs war die Schwierigkeit des Unterrichts eine Art Widerstand gewesen, den zu überwinden eine interessante Aufgabe war; das ging verloren in dem Maße, wie die Kunst des Unterrichts mir geläufiger wurde. Ich hatte nun keine Angst mehr vor den Stunden, aber auch keinen andern Ansporn als die Pflicht. Dass ich meine Berufstätigkeit, wenn ich ihr auch pflichtgemäß oblag, möglichst schnell hinter mich zu bringen suchte, um mich dem hinzugeben, was nun einmal mein innerer Beruf war, empfand ich als unrichtig. Ich liebte die Mädchen, aber es war mir lästig, dass ich ihnen etwas beibringen sollte. Ich hatte damals keine festen Überzeugungen, keine Grundsätze, die es mich gedrängt hätte, jungen, empfänglichen Menschen zu übermitteln;

was ich an Weltanschauung hatte, war eine Richtung auf das Leben, ich könnte auch sagen: auf das Schöne, das Große und Echte. Ich wollte vor allen Dingen leben und erleben, und darin schien mich die Schule zu hemmen. Es war mir zumute, als sei ich in eine Meeresstille geraten. Da war nichts mehr zu begehren, zu erkämpfen, zu wagen; so lag ich da und musste so liegen in quälender Beklemmung.

In dieser Stimmung traf mich die Aufforderung einer jungen Bremerin, nach Bremen zu kommen, wo ihre Familie im Verein mit andern ein Lyzeum gründen wollte. Allerdings handelte es sich auch da wieder um Unterricht; aber ich würde nur einige Vorträge zu halten haben, und es würde mir genügend Zeit bleiben, um meine schriftstellerischen Pläne auszuführen. Bevor ich abreiste, machten Bäumchen und ich noch einen Ausflug ins Gebirge. Über Furka und Grimsel wandernd, atmeten wir noch einmal die reine und wilde Luft der schneenahen Höhe, genossen wir noch einmal das Glück, alles, was uns in Ernst und Scherz, im Leben und in Gedanken begegnete, miteinander durchsprechen zu können, gegenseitigen Verständnisses gewiss, wie wir es drei Jahre lang beinah täglich zu tun gewohnt gewesen waren. Jetzt fühlten wir zugleich mit dem Glück des Augenblicks die Wehmut des Abschieds und die Ungewissheit, ob wir jemals zusammen die geliebten Berge und wann wir uns selbst wiedersehen würden. Tröstlich war für mich, dass Marianne Plehn die im gleichen Sinne an sie gerichtete Aufforderung annahm. Sowohl Marianne wie Bäumchen waren nach beendetem Studium sofort von ihren Professoren als Assistentin gewonnen worden; da Marianne jedoch die Stelle mit einem Kollegen teilte, war sie zu gering besoldet, als dass sie davon hätte leben können, und sie war gezwungen, die Gelegenheit eines ausreichenden Verdienstes, die ihr geboten wurde, zu ergreifen. Sie riss sich schweren Herzens von Zürich los wie ich, die ich es doch freiwillig tat. Ich verließ die schöne Stadt, die den Fremdling behütet hatte, die ich nie aufgehört hatte zu lieben, und zu der es mich immer wieder zurückzog. Kämpfe, Mühen und Erschütterungen aller Art standen mir bevor, aber gewonnen hatte ich doch das stürmische Leben, das ich vermisst hatte, und zu dem das Schicksal mich drängte.

«... WEIL ES EBEN FRÜHLING UND HELL SEIN SOLLTE.»

I.

Beim Sonnenaufgang auf dem Üetliberg «die Glorie des reinen Lichts sehen»; zwischen Freunden sein, die in einem «Boot voll Glück und Jugend über den geliebten See ruderten», nach Bendlikon zum Beispiel, Küsnacht oder zur Halbinsel Au; eine Wanderung durch Wiesen voller leuchtender Alpenblumen, um den Glärnisch zu besteigen; abendliche Spaziergänge auf der Hohen Promenade mit Blick auf Zürich – die Stadt- und Landschaftsschilderungen sind getränkt mit Lebensneugier, Lebensfreude, Lebensgenuss und Unbekümmertheit der jungen Studentin Ricarda Huch.

Hinreißend sind auch die vielen Beschreibungen und Charakteristiken der Menschen, die ihr nahestanden, die ihr oder für sie wichtig waren. Frau Wanner zum Beispiel meint man persönlich zu begegnen und bringt ihr und ihrer aus Bequemlichkeit anarchischen Art die gleiche Sympathie entgegen wie damals Ricarda Huch.

Die Schilderungen sind alterslos. Beim vergnüglichen Lesen schrumpft die zeitliche Distanz von weit mehr als hundert Jahren auf das Imperfekt in den Sätzen; der Leser heute fühlt ihr nach: «Dementsprechend gab ich mich mit allen Sinnen und Gedanken dem neuen Leben hin, das in der Schweiz sich mir auftat.» Ihre Erzählungen über die Erfahrungen des Studentinnenlebens oder die Benachteiligung der Akademikerinnen zu Beginn und während des Berufslebens geraten hingegen weniger schwärmerisch. Sie bezeugen, und zwar aus erster Hand, was inzwischen längst bekannt ist: In der Pionierzeit des Frauenstudiums in Zürich – verklärt zu «junge, emanzipierte Frauen studieren in fortschrittlicher, offener Stadt» – legte Mann (!) den jungen Frauen gern großbrockige Steine in den akademischen Weg. Dass sie ihn trotzdem gingen, sich höchstens mit dem *Rachedolch* aus Papier wehrten, liest man mit einer Mischung aus Mitleid, Rührung, auch Verwunderung über ihre Anpassungswilligkeit bis hin zum Bemühen, sich unsichtbar zu machen; vor allem aber mit Hochachtung vor den jungen Frauen, die wie Ricarda Huch damals, in den 1890er Jahren, heute selbstverständliche Rechte beanspruchten, studierten und als berufstätige Frau ihren Lebensunterhalt verdienten.

Auch die Erzählung von der offenen, fortschrittlichen Stadt entzaubert Ricarda Huch – behutsam: «Bei Professor [Alfred] Stern und bei [Gerold] Meyer von Knonau durfte [!] ich gesellschaftlich verkehren», erklärt sie die Ausnahme von der Regel, dass die Studentinnen im gesellschaftlichen, sozialen Leben der Stadt außen vor blieben. Ihre Begründung zielt feinsinnig auf den Zürcher Konventionskodex: Der Historiker Stern war Deutscher, Meyer von Knonau mit einer Deutschen verheiratet, was ihn wiederum von seinen Schweizer Professorenkollegen separierte.

Frühling in der Schweiz beschreibt also keine besonnte Idylle. Schatten liegen zum Beispiel auf den gesellschaftlichen Hierarchien, die beherrscht werden von strengen und strikt eingehaltenen Konventionen, auf puritanischen, ihre Bescheidenheit inszenierenden Reichen, die «Wohltätigkeit als Pflicht» üben; auf den Regeln, die für unverheiratete, berufstätige Frauen galten; auf dem Umgang mit Fremden oder auf der Selbstverständlichkeit, hochqualifizierte Frauen als Zuarbeiterinnen minderqualifizierter Männer gewissermaßen backstage niedere Arbeiten verrichten zu lassen, ebenso selbstverständlich geringer entlohnt.

Trotz allem ist Ricarda Huchs Bilanz aus dem Zürcher Jahrzehnt eine persönliche literarisch-poetische Liebeserklärung: «In Zürich war ich in den Besitz meiner selbst gekommen; hier wurde mir zuerst das Bewusstsein der eigenen Persönlichkeit und der eigenen Kräfte», erklärt sie am Ende.

II.

«Mein ‹Frühling in der Schweiz› ist durchaus wahrheitsgetreu, aber er enthält nicht alles. Ich habe mit Absicht den dunklen Untergrund weggelassen, weil es eben Frühling und hell sein sollte», gesteht die inzwischen Achtzigjährige 1944 in einem privaten Brief. Dieser etwas kryptische Kommentar nach Jahrzehnten verhindert, dass man, vielleicht mit einem nostalgischen Seufzer, das schmale Bändchen ins Regal schiebt, stattdessen neugierig wird – dunkler Untergrund? Weggelassen? Warum? – und noch einmal genauer liest.

Einen Hinweis gibt schon der erste Satz ihrer *Jugenderinnerungen:* «Am Abend des 1. Januar 1887 kamen wir, mein Bruder und ich, in Zürich an.» Dass sie, die damals Zweiundzwanzigjährige, bereits seit einigen Jahren ein skandalöses Liebesleben führt, lässt sie weg. Kein Wort darüber verliert sie in den Schilderungen der zehn Zürcher Jahre und auch keines über die heimliche Fortsetzung ihrer verrückten Liebe zu Richard Huch (1850 bis 1914), dem Ehemann ihrer Schwester Lilly, der obendrein beider Cousin ist.

Ricarda Huch wird 1864 in Braunschweig geboren. Die weitverzweigte Kaufmannsfamilie gehört zwar zum Bürgertum, nicht aber zur besseren Gesellschaft, weil Spekulationen den Verlust des Vermögens bewirkten. Intelligent, begabt, kapriziös, leidet die Heranwachsende unter dem langweiligen Dasein einer höheren Tochter in einer kleingeistigen Umgebung. Wer wen verführt hat, ist unbekannt, jedenfalls artet ihr Flirt mit dem Schwager aus. Huch, vierzehn Jahre älter als sie, sieht gut aus, ist allerdings, wie sie erfahren wird, unzuverlässig und von unstetem Temperament. Der erfolgreiche Anwalt fungiert immer wieder als finanzieller Rettungsanker der Familie – er wird viele frühe Veröffentlichungen seiner Schwägerin finanzieren.

Der Familienskandal hatte sich zum Stadtgespräch geweitet, was die Reputation zusätzlich beschädigte.

Trennung wurde verordnet, nach außen notdürftig kaschiert mit der Begründung eines Studiums in Zürich, was der Braunschweiger Klatsch zusammenfasste: «Geheiratet hätte sie ja doch keiner!» Zürich war weit weg und bot sich an, weil es Berufsaussichten eröffnete, die Chance also auf eigene Existenzsicherung. In Zürich zu studieren, erschien Ricarda Huch angesichts ihrer Situation überaus verlockend, versprach Abwechslung und Neues. Die räumliche Trennung von ihrem Schwager nahm sie in Kauf, hielt sich aber ebenso wenig wie er an das Versprechen, die Beziehung abzubrechen. So wechseln die beiden nicht nur glühende Liebesbriefe, sie treffen sich auch Jahr für Jahr mehrere Wochen zu einer gemeinsamen Reise, und Richard Huch besucht sie in Zürich.

So unbeschwert, wie sie in ihren *Jugenderinnerungen* glauben macht, war sie also nicht. So zeigen denn auch die Porträtfotos aus jener Zeit – genauer betrachtet – eine wenig glücklich oder fröhlich, gar übermütig aussehende, sondern eine sehr ernst schauende, verschlossen wirkende, fast noch kindlich erscheinende junge Frau. Es sind Spuren ihrer Anstrengung, ihre Beziehung nicht öffentlich bekannt werden zu lassen. Eine solche Skandalverbindung hätte sie, Lehrerin an der Höheren Töchterschule und Bibliothekarin, dazu eine Art dichtende Stadtschreiberin, ihre Existenz gekostet. Das Bürgerrecht hätte sie zu gerne gehabt. Anpassung, Einpassung in bürgerliche Lebensverhältnisse waren ihr also abgefordert oder eben der Zwang zum Übertünchen.

Ricarda Huch um 1887/88.

Verstrickt in ihren Gefühlswirrwarr, vertraute sie sich aber Menschen an: ihrer Lebensfreundin Marie Baum, ihrem väterlichen Freund und Förderer, dem Feuilletonredaktor beim *Bund* und führenden Literaturkritiker der Schweiz, Josef Viktor Widmann, und vor allem Richard Huch. Aus ihren Briefen spricht, was sie in ihren *Jugenderinnerungen* verschweigt: neben ihrer heillosen Liebe zu Richard auch ihre zahlreichen Nebenliebschaften und sexuellen Abenteuer mit «niedlichen» Männern. Ihre Bemühungen, Verehrer wie ihren Vorgesetzten, den Ersten Bibliothekar Hermann Escher, hinzuhalten, damit es bloß nicht zum Äußersten, zu einem Heiratsantrag, kommt. Die Eifersuchtsszenen ihrer engen Freundinnen; überhaupt ist von Sex nirgends die Rede, von lesbischen Verbindungen schon gar nicht, denn «Freundinnen» sind gesellschaftlich toleriert. So fehlt die Geschichte von dem skurrilen Liebesbeweis einer Dame, die ihr nachstellte und sich schließlich in den See stürzte, weil Ricarda Huch sie nicht erhörte. Ebenso der Hierarchiehickhack der Studentinnen gegeneinander. Ihre Geldnöte. Ihre Wut auf die schikanösen Benachteiligungen, denen sie als Frau ausgesetzt ist. Ihre «tapferen Anstrengungen, vergnügt» zu sein. Ihre Ungeduld, weil sie nicht genügend Zeit hat für eigene schriftstellerische Arbeit. Ihr Albtraum, als «ewige schriftstellernde Lehrerin» zu enden. Ihr Missvergnügen an provinzieller geistiger Enge: «An der Schule wurde in der letzten Zeit wild Pestalozzi gefeiert, und ich bin in den Verdacht der Ketzerei gekommen wegen einiger liebloser Bemerkungen über diesen Mann. Dr. [Carl] Brun [Kunsthistoriker] sagte, Pestalozzi käme gleich nach Christus, ich sagte, ich könnte mir noch größere Männer als Pestalozzi denken, worauf man sich mit Staunen und Grauen von mir abwandte», schreibt sie an Marie Baum. Bei Widmann beklagt sie sich: «Die Stadtbibliothek betrachtet mich zunächst weniger als Muse denn als Abwart oder Mädchen für alles; den einen Tag muss ich auf Leitern steigen – was ich zuvor noch nie versucht hatte –, den andern alte lateinische Handschriften entziffern und führe so ein leichtes, anmutiges und wechselvolles Leben. Meine Herren Kollegen bevormunden mich schrecklich, und ich sinne auf Mittel und Wege, wie ich mir größeres Ansehen verschaffen kann.» Sie gesteht Widmann, sie habe sich ein paar Monate «durch eine höchst planlose Liebesgeschichte verwüstet», sinniert «überhaupt ist das ganze Leben die Ausgeburt eines Teufels, wobei das viele Schöne gerade das Allerteuflischste ist, denn das hindert einen, die ganze Geschichte beiseite zu werfen und zu verachten», oder sie meldet ihm: «Ich habe meine Verlobung auf Probe schon wieder aufgehoben. Seitdem fühle ich mich wieder glücklich. [...] Nun werde ich mich aber nie mehr verlieben.»

Ihre Briefe sind ein buntes Gemisch aus komisch-ernsten Klagen, umtrübten Reflexionen ihrer augenblicklichen Befindlichkeit, ungeschönten Berichten über Erlebnisse, aber auch über «schiefe gesellschaftliche Verhältnisse» in Zürich: «Mittwoch Abend war ich in Gesellschaft bei Meyer von Knonau, lauter Professoren mit

Stadtbibliothek Zürich in der Wasserkirche.
Druckgrafik (ca. 1883).

ihren Weibern, es war eine Studie, drei Feuilletons könnte ich darüber schreiben. Frauen sagten nichts aus Respekt vor den Professoren, kein Professor wagte es, über etwas zu sprechen, was das Fach des andern anging, und da nun Professoren der Geschichte, Literatur, Kunstgeschichte und Theologie vertreten waren, blieb bedenklich wenig von allgemeinem Interesse übrig. Ich sagte sowieso nichts, weil die andern Damen alle nichts sagten, die doch verheiratet und älter als ich waren. Bemühte mich aber die ganze Zeit aus allen Poren zu lächeln.» – Zürich enge sie ein, schnüre ihr den Lebensmut ab, schreibt sie Richard, sie könne diese «tadellose Erbärmlichkeit» nicht mehr länger erdulden. Zürich wird ihr mehr und mehr, wie ehedem Braunschweig, «trostlose Einöde»: «Ich habe Zürich ganz ausgequetscht, es fließt mir kein Lebenssaft mehr daraus zu.» Sie muss weg!

Ihren Entschluss begründet sie in den *Jugenderinnerungen* weniger schroff, wenn auch wieder kryptisch: «Ich verließ die schöne Stadt, die den Fremdling behütet hatte, die ich nie aufgehört hatte zu lieben, und zu der es mich immer wieder zurückzog. Kämpfe, Mühen und Erschütterungen aller Art standen mir bevor, aber gewonnen hatte ich doch das stürmische Leben, das ich vermisst hatte, und zu dem das Schicksal mich drängte.»

III.

Sie lässt sich 1896 nach Bremen locken; dort soll ein Mädchengymnasium gegründet werden, was nicht gelingt, sie aber einen weiteren lebensentscheidenden Schritt tun lässt. Ihr Lehrerinnendasein gibt sie endgültig auf und wagt es, Schriftstellerin zu werden. 1897 zurück in Zürich, beginnt sie ihre zweibändige Studie über die Romantik (1899, 1902). Sie findet damit nicht nur ihren Beruf, sondern zentriert in ihm ihr wissenschaftliches Interesse und beweist ihre Begabung, Menschen und Ereignisse erzählerisch zu verlebendigen. Künftig wird sie historisch-politische Stoffe, die Zeitenwenden markieren, zu ihrem Thema machen und deren Aktualität freilegen.

Von Zürich aus geht sie nach Wien, um Kontakte zur Literaturszene zu knüpfen. Hier lernt sie den Zahnarzt Ermanno Ceconi (1870–1927) kennen, heiratet ihn 1898 und zieht mit ihm nach Triest, wo 1899 ihre Tochter Marietta geboren wird. Zu gern hätte sie sich mit ihrem Mann in Zürich niedergelassen, aber sie bekommt, wie bereits 1896, keine Niederlassungsbewilligung, und Ceconi darf mit seinem italienischen Diplom hier nicht praktizieren. 1900 übersiedelt sie mit ihrer Tochter nach München. 1905 trennt sich das Ehepaar und lässt sich 1906 scheiden, bleibt aber dennoch lebenslang verbunden. Etwa zur gleichen Zeit nähern sich Ricarda und Richard Huch, der ebenfalls seit Kurzem geschieden ist, wieder an. Sie zieht nach Braunschweig, wo sie 1907 heiraten. Lang ersehnt war diese Ehe, glücklich nicht; sie wird 1911 geschieden. Ricarda Huch kehrt mit ihrer Tochter nach München zurück – und immer wieder zu kürzeren oder längeren Aufenthalten in die Schweiz, das «schönste und glücklichste Land». So hält sie sich mit Marietta im Sommer 1915 mehrere Wochen in Zürich auf und lebt ab 1916 mehr als zwei Jahre erst in der Nähe von Spiez, dann in Bern. 1918 reisen die beiden zurück ins revolutionsgeschüttelte München. 1926 heiraten Marietta und der Jurist Franz Böhm. Bis an ihr Lebensende wird Ricarda Huch mit ihnen und mit dem Enkelsohn in Hausgemeinschaft leben.

Im selben Jahr wird sie als erste Frau in die Preußische Akademie der Künste, in die neu gegründete Sektion Dichtkunst, gewählt. Uneitel wie sie ist, lehnte sie zunächst ab, weil sie «fürchtete, [...] gar kein irgendwie ersprießliches Mitglied der Akademie» sein zu können, sie fühle sich dort nicht «am Platze». Thomas Mann gelingt es jedoch, sie zu überreden – mit einem politischen Argument: Ihre Ablehnung könne als Demonstration gegen die Weimarer Republik ausgenutzt werden. Zwei Jahre zuvor hatte er ihr anlässlich ihres sechzigsten Geburtstags in der *Frankfurter Zeitung* gratuliert und sie gefeiert als «die erste Frau Deutschlands», wahrscheinlich «die erste Europas». Damals hatte sie sich ein wenig geärgert, denn er hatte seine Eloge genutzt, um von sich zu sprechen. Spätestens seitdem herrscht Kühle zwischen beiden. Seinem Argument aber kann sie sich nicht verschließen.

Und er hat ja recht. Sie ist inzwischen berühmt, ist, nicht nur in Deutschland, eine intellektuelle Institution, ausgezeichnet mit diversen Preisen. Zeitschriften bitten um Beiträge. Sie verdient gut, sorgt sich aber immer um regelmäßige Einkünfte.

In all den Jahren hatte sie – wie schon in Zürich – ein ungeheures Arbeitspensum bewältigt, geradezu versessen geschrieben, immer und überall. Mit dem Baby im Arm hatte sie ihre Romantikstudie beendet, auf dem Fensterbrett geschrieben, während ihr Kleinkind um sie herumwuselte – und trotzdem gelebt, Reisen unternommen, unkomplizierte, unkonventionelle Geselligkeit ebenso geliebt wie «nützliches Tun», Gemüseputzen etwa. Erzählungen waren entstanden, historische Romane, immer wieder Gedichte, aber auch sehr einträgliche Psychokrimis wie die Brieferzählung *Der letzte Sommer* (1910) und *Der Fall Deruga* (1917). Sie hatte umfangreiche historische Studien verfasst wie etwa *Der große Krieg in Deutschland* (3 Bände, 1912–1914) sowie psychologisch differenziert gezeichnete Porträts historisch umstrittener Gestalten, die an Gelenkstellen der Geschichte quer zu den Zeitereignissen nicht starrköpfig, sondern reflektiert unbeirrt blieben und Entwicklungen beeinflussten, Protestanten im Wortsinn, wie Wallenstein, Freiherr vom Stein, Bakunin oder Luther – allesamt Männer (!), denen sie sich im Mut zur Konsequenz wohl wesensverwandt fühlt. Ihre Bücher verkaufen sich gut, werden positiv rezensiert, sogar die akademische Literaturkritik ist des Lobes voll. Selbst Historiker, der chronologischen Darstellung historischer Prozesse und wichtiger Ereignisse verpflichtet, rühmen nun ihre akribische Quellenarbeit und ihre historische Zuverlässigkeit, sind beeindruckt von ihrer Gabe, «farbenfrisch» ein «farbenreiches Abbild der Geschichte und ihrer Gestalten» zu zeichnen, Wissenschaft mit Poesie zu tränken und die Lektüre zu einem Vergnügen zu machen.

Den Nobelpreis 1929 bekommt nicht sie, sondern Thomas Mann, was sie lakonisch kommentiert: «Den freundschaftlichen Beziehungen gegenüber, die man im Leben erwirbt, ist alles andere unwichtig, sie machen einen reich. Der Nobelpreis kommt gar nicht dagegen auf, obwohl es natürlich schade ist, dass einer ihn bekommen hat, der ohnehin reich ist, und obwohl ich ihn vorzüglich hätte verwenden können.» Immerhin wird sie 1931 mit dem Goethepreis der Stadt Frankfurt ausgezeichnet – als erste Frau. Weil sich der zweihundertste Todestag der Mutter Goethes jährte, sollte auf Beschluss des Kuratoriums eine Frau gewählt werden. Neben Ina Seidel war auch Käthe Kollwitz im Gespräch gewesen, die einige Jurymitglieder als «Wegbereiterin des 20. Jahrhunderts» lieber gesehen hätten.

Der Schweizer Martin Hürlimann, in dessen Zeitschrift *Atlantis* sie einige Beträge veröffentlicht hatte, bittet sie, die Einleitung zum Band *Deutschland* seiner Orbis-Terrarum-Bücher, einer neuartigen Fotobildbandreihe, zu schreiben. Gemeinsame historische Interessen, persönliche Sympathie und Vertrauen stiften nicht nur freundschaftliche Beziehungen, sondern führen auch dazu, dass Ricarda Huch von da an, bis auf wenige Ausnahmen, ihre Bücher seinem 1930 in Berlin gegründeten Atlantis-Verlag überlässt. Hürlimann ermöglicht ihr großzügig, die dreibändige Deutsche Geschichte zu schreiben. Er bietet ihr «jährliche Vorauszahlungen, damit ich imstande wäre, mich der großen Arbeit ganz zu widmen». Sie ihrerseits bietet ihm Ende 1932 an, seine mündlich gegebene Zusage zurückzuziehen, weil sich die «gegebenen Verhältnisse» «zum schlechteren» geändert haben. Auf die «gegebenen Verhältnisse» 1933 reagiert sie auf ihre Weise. Unter scharf formuliertem Protest gegen die «Zentralisierung, den Zwang, die brutalen Methoden, die Diffamierung Andersdenkender» und «die Judenhetze» tritt sie aus der Preußischen Akademie der Künste aus, nachdem Käthe Kollwitz, Heinrich Mann, Alfred Döblin dazu genötigt worden waren. Sie muss fast darum kämpfen, denn man tut alles, um sie «aufs Teufelholen in der Akademie fest[zu]halten», wie sie an Marie Baum schreibt. Sie ist das einzige Akademiemitglied, das den Mut hat, die Konfrontation mit dem Regime nicht zu scheuen. Weder betritt sie die goldenen Brücken, die man ihr auch in den folgenden Jahren immer wieder baut, noch lässt sie sich von Drohungen einschüchtern. Sie bleibt in Deutschland. Vereinnahmen lässt sie sich nicht.

1934 erscheint in Berlin der erste Band ihrer Deutschen Geschichte: *Römisches Reich Deutscher Nation.* Die *Nationalsozialistischen Hefte* prangern die Autorin als «parteiischen Anwalt des Judentums» an und kanzeln das

Buch ab als «Beleidigung deutschen Ehrgefühls», in dem der «deutsche Gedanke mit Füßen getreten» werde. «Wir zweifeln nicht», heißt es, «dass die Huch für dieses Werk ultra montes höchstes Lob ernten wird. Mag sie dann auch getrost ganz jenseits der Berge bleiben und dort die Blüten ihres Geistes verstreuen. Im Deutschland Adolf Hitlers ist für Magierinnen dieser Art heute kein Platz mehr.» Trotzdem kann der zweite Band, *Das Zeitalter der Glaubensspaltung,* 1937 noch erscheinen, sogar, obwohl Hürlimann sie auf «gefährliche Stellen» aufmerksam gemacht hat. Aber die Luft wird merklich dünner. An den Verleger Anton Kippenberg schreibt sie: «Eigentlich wollte ich Sie fragen, ob ich nicht mal wieder was für den Insel-Verlag schreiben sollte; aber es kommt mir zum Bewusstsein, dass ich jetzt nur eine Last für jeden Verlag bin, da ich, obwohl in der Schrifttumskammer, aus den Reihen der Wohlgelittenen gestrichen bin, die Buchhändler meine Bücher nicht gern auslegen, und das Publikum sie nicht gern kauft.» Dennoch ermuntert Hürlimann sie, den dritten Band zu schreiben, obwohl klar war, dass *Untergang des Römischen Reiches Deutscher Nation* keine Chance haben würde. Dieser Band, eine Absage an den Absolutismus, erscheint denn auch erst posthum 1949.

Da sie aus ihrer Überzeugung keinen Hehl macht, wird sie 1937 nach offenen Worten in einer privaten Runde denunziert. Gegen sie und ihren Schwiegersohn, der sich ähnlich geäußert hatte, wird 1938 ein polizeiliches Ermittlungsverfahren wegen «Vergehens gegen das

Heimtückegesetz» eingeleitet. Beide werden mehrmals stundenlang verhört. Einflussreiche Bekannte sorgen im Schatten eines «Amnestiegesetzes», das Hitler aus Anlass des «Anschlusses» Österreichs erlassen hatte, für das Niederschlagen des Verfahrens. Dass Böhm, der seit 1936 an der Universität Jena lehrt, die Lehrbefugnis entzogen wird, können sie nicht verhindern.

Das nächste Buch erscheint tatsächlich «ultra montes», 1938 im Atlantis-Verlag, der inzwischen seinen Verlagssitz in Zürich hat und eine Dependance in Deutschland: *Frühling in der Schweiz. Jugenderinnerungen.*

IV.

Wieder wagt sie die Konfrontation. Diesmal aber verpackt in buntes, hübsches Papier, überstäubt mit etwas silbrigem Glimmer, beschriftet mit *Frühling in der Schweiz,* inliegend *Jugenderinnerungen:* die Schilderung ihrer Erfahrungen in und mit der Schweiz, die sie vierzig Jahre zuvor machte. Sie sind scheinbar unverfänglich, und entzückend zu lesen. Es irritieren allerdings die vielen Passagen, in denen sie die föderalistische, republikanisch-demokratisch verfasste Schweiz erklärt, in der Sprachenvielfalt, Mundarten, volkstümliche Feste, Natur- und traditionsbewusste Heimatliebe, generell das «Mannigfaltige im politisch-sozialen Leben» – auch das Anarchische einer Frau Wanner – Platz haben; in der Bürger ihre traditionellen Freiheitsrechte selbstbewusst selbstverständlich wahrnehmen und «nach der eigenen Überzeugung» privat leben sowie «mitwirkend *und gegenwirkend* [!]» am öffentlichen Leben teilnehmen. Ebenso irritieren der Vergleich zwischen der Schweiz und Deutschland sowie die historische Herleitung des gravierenden Unterschieds: Die Schweiz habe sich in der Tradition der mittelalterlichen Reichsidee entwickelt, die «allerlei Nationen und allerlei Staatsformen in sich zusammenfassen konnte», das «neue Reich», insbesondere Deutschland nach der Reichsgründung 1871, in der des zentralistischen Absolutismus.

Nun muss man sich nicht mit der Staatsidee des Heiligen Römischen Reiches Deutscher Nation auseinandersetzen und auch nicht Ricarda Huchs monumentale *Deutsche Geschichte* studieren. Es genügt, ein paar wenige Sätze zu lesen, um zu verstehen, dass diese einerseits ihre Überzeugung ebenso wie ihre Haltung ausdrücken und andererseits ihrer Absicht dienen, mit *Frühling in der Schweiz* ihren Protest gegen die deutsche Diktatur zu verpacken: «Den [Absolutismus] hasste ich.» – «Durch Zentralisation entstehen [...] Großstaaten, gegen die ich in der Schweiz eine lebhafte Abneigung fasste.» Wie so oft betont sie wieder ihre Abneigung gegen das «Uniforme» und gegen jeglichen freiheitseinschränkenden Untertanengehorsam, das Verschwinden des Individuums in der Masse: «Im damaligen Deutschland [nach 1871] konnte man nur entweder Beifall klatschen zu dem, was die jeweiligen Regierungen anordneten, oder schweigend und verärgert, von allen verketzert beiseite stehen.» – «Hier in der Schweiz schien mir das wahre, unentstellte Deutschland zu sein.» Sie hat sich also den Historikertalar umgelegt, um sich unangreifbar zu machen, und sie zieht sich zurück auf die Subjektivität ihrer Erfahrungen in einer längst vergangenen Schweiz. Ein möglicher Einwand, diese Schweiz habe es so nie gegeben, ist damit unerheblich.

Die Zeit in Zürich habe ihr «zuerst das Bewusstsein der eigenen Persönlichkeit und der eigenen Kräfte» gebracht, ist ihr Fazit, sie also – salopp gesagt – fit gemacht, «die Kämpfe, Mühen und Erschütterungen aller Art» mutig, unbestechlich und unabhängig zu bestehen – auch im dunklen Deutschland von 1938.

«Übrigens habe ich mit Hürlimann, der uns hier [in Jena] besuchte, verabredet, dass ich Schweizer Erinnerungen (aus meiner Studienzeit) schreibe und bei ihm erscheinen lasse, worin dann manches geklärt wird», schreibt sie an den Freund, den Berner Regierungs- und Ständerat Leo Merz, im Juli 1938. Das Manuskript geht bereits im September an Hürlimann mit der Bitte, es daraufhin zu prüfen, ob «der Inhalt Ihrer Vorstellung entspricht». In der Schweiz war tatsächlich «manches» zu klären – und zugleich Gelegenheit für sie, auch zu Deutschland Stellung zu nehmen.

Anfang 1938 war im Insel Verlag die vierbändige Neuausgabe der Werke Gottfried Kellers mit dem unveränderten Vorwort Ricarda Huchs von 1921, dem Aufsatz *Gottfried Keller*, erschienen. Dieser Aufsatz erschien Hürlimann politisch hochbrisant, und er ahnte wohl, dass er unter den Gegebenheiten von 1938 erklärungsbedürftig sein würde, und zwar rasch.

Genau gelesen, war Ricarda Huchs Vorwort bereits 1921, während immer noch um die staatliche und territoriale Neuordnung Europas gerungen wurde, eine politische Provokation – gerichtet gegen die Schweiz. «Den meisten fremdartig, ragt das schweizerische Eiland in die moderne Welt, eifrig bemüht, sich durch unparteiliche Liebe mit ihr zu verbinden», schrieb sie 1921 und stellte Aktualität her, denn die Schweiz war 1920 dem Völkerbund beigetreten – zu besonderen Konditionen: Entbindung der Teilnahme an militärischen Aktionen, aber Mittragen von wirtschaftlichen Sanktionen. Als Historikerin und Expertin in Sachen «Neutralität der Schweiz» seit ihrer Dissertation zur «Neutralität der Eidgenossen» (1892) erkannte sie hellsichtig die Konsequenzen aus der «partiellen» Neutralität. Diese eröffnete, wie ihr klar war, der Schweiz die Möglichkeit, unter dem Mantel der Neutralität ureigene, vor allem wirtschaftliche Interessen zu verfolgen. Das hielt sie für mangelnde Bereitschaft, Konsequenzen zu tragen, also politisch – aber auch moralisch – Position zu beziehen. Nur ein bisschen neutral zu sein, erschien ihr heuchlerisch.

Gewährsmann für ihre Argumentation war *der* Schweizer. So repetierte sie Gottfried Kellers Grimm auf die Schweiz und ihren Seldwyler Geist, die Gier nach Geld und Besitz, den Lebenszweck, reich zu werden, den anmaßenden und bequemen Stolz auf sich selbst, das prahlerische Tellentum, engstirnig, aber geschäftstüchtig.

Kurz: auf das «Geschäft Schweiz». Gewagt war schon ihre These «Es litt für ihn keinen Zweifel, dass die Schweiz [...] früher oder später einen Anschluss an eine größere Heimat werde suchen müssen, und das dies für die deutsche Schweiz nur Deutschland sein könne; was freilich, das konnte er sich nicht verhehlen, [...] dazu führen könnte, die Eidgenossenschaft zu sprengen». Unhaltbar jedoch war ihre Behauptung, Keller habe sich deshalb im deutsch-französischen Krieg «mit Entschiedenheit auf die Seite Deutschlands» gestellt. Zumindest war das nur ein Teil der Wahrheit. Sie spielte damit auf seinen Trinkspruch an, den er 1872 anlässlich der Verabschiedung des Medizinprofessors Adolf Gusserow ausgebracht hatte. Gusserow, der einen Ruf ins nun deutsche Straßburg angenommen hatte, solle Deutschland grüßen: «Vielleicht kommt eine neue Zeit [...] da sich dieses neue Reich so entfaltet, dass es Staatsformen der verschiedensten Art, also auch republikanische, vertragen und in sich aufnehmen kann; dann wäre eine freiwillige Rückkehr der Schweiz zu Deutschland doch nicht so ganz unmöglich.» Das zitierte sie nicht, erwähnte auch nicht Kellers Klarstellung in der *Basler Zeitung:* Die Schweiz «würde ihre Kraft und ihr altes Wesen wiedergewinnen, wenn sie im freien Verein mit ähnlichen Staatsgebilden zu einem großen Ganzen in ein Bundesverhältnis treten könnte, und dass das mit Deutschland einmal möglich werden könnte, war eben die Voraussetzung obigen Trinksprüchleins.» Auf die Situation 1871/72 ging sie nicht ein. Vielmehr blickte sie 1921, nach dem Ersten Weltkrieg mit etwa zehn Millionen toten Soldaten und Millionen zivilen Opfern, in einem auch territorial zerstörten Europa, auf die europäische Landkarte, die gerade auf der Basis einer dauerhaften Friedensordnung neu gezeichnet werden sollte, und suchte dort die Schweiz.

Ihr Vorwort war 1921 nicht bemerkt und auch nicht politisch kommentiert worden. Wer liest schon Klassiker? 1938 jedoch, in der Hoch-Zeit der Geistigen Landesverteidigung und unmittelbar nach der Annexion Österreichs kommentarlos in der Neuausgabe abgedruckt würde – wie Hürlimann ahnte – in der Schweiz das Reizwort «Anschluss» zünden. Ihm war klar, dass der siebzehn Jahre alte, politisch überholte Aufsatz die Integrität Ricarda Huchs beschädigen und sie verdächtigt werden würde, deutsch-völkische Propaganda zu betreiben und dass zudem auch noch Erinnerungen an andere einstige Entgleisungen, die ihr längst peinlich sind, zusätzlich hochkochen könnten.

1916 saß sie nämlich schon einmal in Schweizer Nesseln. Carl Spittelers Rede *Unser Schweizer Standpunkt* vom Dezember 1914 hatte zur Genugtuung der welschen Schweizer – Brüder sind näher als Nachbarn – bewirkt, dass die Schweiz, in ihrem «Schweizer Standpunkt» geeint, sich in die Neutralität zurückzog. Spittelers Rede wurde in Deutschland wütend, gar hasserfüllt, quittiert. Er habe den «Burgfrieden zwischen Deutschen und Deutschgesinnten gebrochen» und das «reichsdeutsche Gefühl aufs höchste gereizt». Seine Bücher seien in Deutschland, seinem Hauptabsatzmarkt, zu boykottieren! Diese Hetze gegen Spitteler hatte sich schnell mit der Hetze gegen Ferdinand Hodler verknüpft, der dem angefeindeten Spitteler beigesprungen war, indem er 1915 ein Porträt schuf, das mit der Pose des weitblickenden Spittelers Bände spricht.

Hodler war Deutschlands Kunstszene schon länger suspekt, seit 1914 jedoch rotes Tuch für die chauvinistischen Deutschen im Kriegstaumel. 1907 hatte die *Gesellschaft der Kunstfreunde in Jena und Weimar* bei ihm ihr Geschenk an die neu erbaute Universität Jena zur Feier des Unabhängigkeitskriegs 1913 bestellt, ein großes Geschichtsgemälde. Hodler lieferte aber kein Monumentalgemälde, das Fürsten und Feldherren der siegreichen Preußen ehrte, sondern – er war schließlich Demokrat – nur Studenten, also Subalterne, darstellte, *Auszug deutscher Studenten in den Freiheitskrieg von 1813.* Deshalb durfte das Gemälde nicht die Aula, sondern nur einen Wandelgang in der ersten Etage schmücken. Als Hodler dann im Herbst 1914 gemeinsam mit hundertzwanzig Genfer Intellektuellen und Künstlern einen Protest unterzeichnete gegen die «deutsche Barbarei», die Beschießung und Teilzerstörung der Kathedrale von Reims, begann das Kesseltreiben gegen ihn: Ausschluss aus diversen deutschen Kunstgesellschaften, Verbannung seiner Bilder aus Museen, verbale Attacken auf seine Person und schließlich die Vernagelung seines Wandgemäldes in der Universität; auf die Bretter wurden Zettel mit Frontverläufen und Kriegsschauplätzen geklebt.

Ferdinand Hodler: *Bildnis Carl Spitteler* (1915), Öl auf Leinwand, 65 × 80 cm.

In diese verbale Schlammschlacht neben dem Menschenschlachten in den Schützengräben hatte sich Ricarda Huch mit einem Artikel in der *Frankfurter Zeitung* eingemischt und den Protest zurückgewiesen. Europa sei reich an Kunstschätzen, auf eine Kathedrale komme es nicht an. Im Übrigen: Was sei eine Kathedrale im Vergleich zu den vielen Menschenopfern? Zwar hatte sie privat relativiert. Man frage sich, «ob es gut auf Deutschland wirken» werde, «wenn es triumphiert». Öffentlich aber goss sie weiter Öl ins Feuer, das, wie sie meinte, militärisch und propagandistisch gegen Deutschland brannte.

In diesem Sinn exponierte sie sich dann 1916 ausgerechnet auf neutralem Boden der Schweiz, ausgerechnet in Zürich, mit ihrem Vortrag *Über den Begriff des Helden.* Sie hielt ihn in St. Gallen und in Zürich; hier auf Einladung des Lesezirkel Hottingen, für den sie 1892 *Dornröschen* verfasst hatte, ein lyrisches Spiel mit Musik von Lothar Kempter. Das Publikum im kleinen Saal der Tonhalle nahm ihren «kriegerischen» Vortrag mit pikiertem Schweigen auf. Ihre Rede, verstanden als Plädoyer für den Krieg und Parteinahme für Deutschland, erregte öffentliche Entrüstung. Für den Lesezirkel Hottingen war der Anlass ein «unerfreulicher Abend». Noch fünfzehn Jahre später fragt sich der Vorstand, ob man sie wieder einladen könne.

Das Bizarre jener Jahre war zwar durch die nationalsozialistische Diktatur 1938 unwirklich geworden, aber in der Tat nicht vergessen. Eduard Korrodi, Feuilletonchef der NZZ, veröffentlicht in der Morgenausgabe vom 25. Juni 1938 unter dem Titel *Neue deutsche Version über Gottfried Keller* den (fingierten?) Leserbrief des Gymnasiasten G.G.M., der sich «tief empört» zeigt. Ricarda Huch habe Gottfried Keller zu einem «absolut Deutschgesinnten gestempelt» und an Gottfried Keller «so gut wie kein Fünkchen Patriotismus übrig» gelassen. «Großdeutsche Größenwahnpolitik» werde durch sie «unter dem Namen Gottfried Keller in die Schweiz eingeschmuggelt». Korrodi seinerseits schärft mit seiner medialen Autorität nach: Ricarda Huch «dichtet sich ein sogenanntes ‹Germanien› zusammen, das über der jeweiligen Staatsform Deutschlands seine Dauer bewahre». Nichts «ermächtigt» sie «zu ihrer unbegreiflichen Annahme, Keller habe auch nur ernstlich die Sprengung der Eidgenossenschaft je erwogen». Jeder Gedanke sei ausgeschlossen, so Korrodi, Keller hätte «in dem jetzigen Deutschland sein politisches Credo verwirklicht gesehen». Am Schluss zitiert er Kellers Gedicht: «Doch trotzen wir dem Untergang – Noch halten wir aus eigner Hand – Dich hoch empor, o Vaterland!»

Korrodi bietet ihr an, eine Entgegnung auf ihren Aufsatz von 1921 zu veröffentlichen. Ließe sich Ricarda Huch jetzt widerspruchslos den Schweizer Stempel «völkische Dichterin» aufdrücken, wäre sie in Deutschland entlastet, müsste aber ihre Überzeugung und Haltung verraten. Ein Widerspruch hingegen verlangte, sich in ihrer gefährlichen Lage dezidiert gegen das deutsche Regime zu äußern.

Ferdinand Hodler: *Auszug deutscher Studenten in den Freiheitskrieg von 1813* (1909), Öl auf Leinwand, 358 × 548 cm.

Mit einer Erwiderung würde sie zudem nicht nur all diese Erinnerungen auffrischen, sondern auch mit sachlichen Erläuterungen zu ihrem Standpunkt von 1921 des Teufels Küche des Jahres 1938 betreten müssen. Soll sie alles aufwärmen oder kalt übergehen? Sie äußert sich nicht zu Korrodis Artikel, denn sie ist bereits dabei, ihren Kommentar zu all dem in Hürlimanns hübsches Papier einzupacken: «Frau Huch hielt nichts von Polemik und revanchierte sich auf ihre Art durch Liebenswürdigkeit. Sie schrieb in einem Zug ihre Erinnerungen an die glücklichen Jahre, die sie in der Schweiz, besonders in Zürich verbracht hatte, und so entstand der kleine Band *Frühling in der Schweiz* (1938), einer der anmutigsten literarischen Tribute, die unser Land von einem seiner Gäste erhalten hat; das Echo war denn auch erfreulich, und das Buch konnte mehrmals nachgedruckt werden.» Et voilà! Der «dunkle Untergrund», auf dem die *Jugenderinnerungen* entstanden, ist vergessen; ihren reizenden *Frühling in der Schweiz* las – und liest – man in der Schweiz wie in Deutschland mit Entzücken.

Das Schreiben erlaubte der eigentlich nicht sentimentalen alten Dame einen wehmütigen Rückblick und verleitete sie vielleicht sogar, da und dort den Silberstift zu führen: «Auf den Wunsch von Hürlimann schreibe ich jetzt Erinnerungen an meinen ersten Aufenthalt in der Schweiz 1887–1896. Das macht mir Spaß, und wenn ich mich mit meinem damaligen Ich vergleiche, merke ich doch, dass ich alt bin, was mir sonst nicht zu Bewusstsein kommt», schreibt sie im März 1938 an einen Freund.

Deshalb stäubt sie wohl auch auf die eine oder andere Passage ein bisschen mehr Glimmer. Es sollte ja «Frühling und hell» sein.

V.

Sie bleibt unbehelligt in Deutschland. Sie hat Verbindung zu Helmut Gollwitzer, zur Bekennenden Kirche, auch zum Kreisauer Kreis. Sie lädt Freunde, Regimegegner aus dem akademischen Jenaer Milieu, zu Jours fixes in ein Café der Stadt und in die Weinstube eines Freundes. Sie nimmt in ihrer Korrespondenz kein Blatt vor den Mund, wissend, dass mitgelesen wird.

Einflussreiche Freunde, darunter Hürlimann und der Zürcher Literaturprofessor Robert Faesi, sorgen dafür, dass sie 1942 nach Zürich zur Fünfzig-Jahr-Feier ihres Doktordiploms nach Zürich reisen darf. Bei ihrer Ansprache bemerkt sie mit Blick auf den schräg vor ihr sitzenden deutschen Generalkonsul, Bücher über Geschichte schreibe sie wohl keine mehr angesichts dessen, wie heute Geschichte gemacht werde.

Am Ende des Krieges ist Jena zerstört und wird von den Sowjets besetzt. Sie plant ein Buch über den Widerstand, den 20. Juli, die «Rote Kapelle» und die «Weiße Rose». Sie sammelt Material, weiß aber, dass sie das Buch nicht mehr schreiben kann und übergibt es Günther Weisenborn. Es ist die Quelle für: *Der lautlose Aufstand. Nach dem Material von Ricarda Huch. Mit einer Einleitung von*

Martin Niemöller, 1955 im Hamburger Suhrkamp Verlag erschienen.

Der Kulturbund zur demokratischen Erneuerung Deutschlands, im Juni 1945 gegründet, sollte das «geistige und kulturelle Parlament» Deutschlands werden. Ricarda Huch übernimmt im Mai 1946 den Ehrenvorsitz des Landesverbands Thüringen und leitet als Alterspräsidentin im Juni 1946 die Wahl des Landespräsidenten.

Zur gleichen Zeit streitet man erbittert um die «innere Emigration» deutscher Schriftsteller und deutsche Schriftsteller im Exil – es geht um die Schuld der Deutschen. Dazu hatte sich Ricarda Huch bereits in ihrer «Neujahrsbetrachtung» in der *Täglichen Rundschau Berlin* vom 1. Januar 1946 geäußert mit der Aufforderung, sich der Taten schuldig zu bekennen, «die mit Höllenfeuer in die Geschichte eingebrannt sind». Um eine öffentliche Stellungnahme gebeten, ob es zu entschuldigen sei, dass deutsche Autoren «während der vergangenen zwölf Jahre in Deutschland geblieben sind und weiter publiziert haben», antwortet sie im Oktober 1947 knapp, das Urteil über das Dableiben habe «natürlich mit dem Urteil über das Mitmachen nichts zu tun. Das ist eine andere Frage». Kurz darauf tagt, initiiert vom Kulturbund (Ost) und ausgerichtet vom Schutzverband Deutscher Autoren (West), in Berlin der erste deutsche Schriftstellerkongress mit Teilnehmern aus allen deutschen Besatzungszonen und aus dem Ausland. Auf Bitten von Johannes R. Becher übernimmt sie die Ehrenpräsidentschaft und hält die Eröffnungsrede. Der Kongress bietet ihr und ihrer Tochter die

Ricarda Huch 1942.

Möglichkeit, in den Westen, nach Frankfurt, zu gelangen, wo Franz Böhm inzwischen eine Professur innehat.

Wenige Wochen später, am 17. November 1947, stirbt sie in Kronberg/Taunus.

Ihr «differenziertes poetisches Lebenswerk» sowie ihr «unerschrockenes Auftreten gegen die geistigen Gleichschaltungsversuche des Nazismus und ihre intellektuelle Redlichkeit» blieben immer unvergessen, heißt es im Nachruf der Stadt Frankfurt.

In der Nachkriegszeit wird sie in Westdeutschland gern und oft als «Gewissen der Nation» zitiert, auch von denen, die sich schmiegsam leisetreterisch verhalten hatten. Man benennt Straßen oder Schulen nach ihr; Darmstadt vergibt seit den 1970er Jahren in ihrem Namen einen Preis an Personen, «deren Wirken in hohem Maße bestimmt ist durch unabhängiges Denken und mutiges Handeln» und die die «Ideale der Humanität und Völkerverständigung als Werte der historisch-kulturellen Identität der europäischen Gesellschaft fördern».

Gelesen aber wird sie nicht mehr. Ihr Werk ist weitgehend vergessen; an ihm haftet das Etikett «konservativ». Golo Mann – bekennender Konservativer – knüpft an ihr Geschichtswerk, besonders an *Wallenstein* und die dreibändige Deutsche Geschichte, an, verweist jedoch in seiner Vorrede zu seiner *Geschichte des 19. Jahrhunderts* auf Grenzen: «Kein Mensch durfte sich anmaßen, den Stil Ricarda Huchs nachzuahmen. [...] Auch eignen sich das spätere 19. und das 20. Jahrhundert am wenigsten für die Kunst liebender, mitfühlender Vergegenwärtigung, die Ricarda Huchs Sache waren.»

Das Feuilleton würdigt sie zwar an Gedenktagen mit dem gängigen Vokabular wie «große Humanistin», «große alte Dame der Literatur», erwähnt jedoch höchstens Titel ihrer Bücher. Die Literaturwissenschaft untersucht kaum bis gar nicht ihre Bedeutung für die deutschsprachige Literatur mehrerer Epochen, mehrerer politischer Systeme nacheinander, die sie aktiv und mitgestaltend erlebte; ihr Werk fällt aus den Theoriemoden. In den 1960er Jahren macht sich der Verlag Kiepenheuer & Witsch daran, eine Gesamtausgabe ihres Werkes zu publizieren. Der Herausgeber Wilhelm Emrich ist ein berühmter und international angesehener Germanist, aber wie so viele seiner Kollegen nicht frei von Naziverstrickungen. Der junge Autor Rolf Dieter Brinkmann (1940–1975) droht mit Aufkündigung seines Vertrags. Unter einem Dach mit der Huch, das könne er «mit progressivem Schriftstellertum nicht vereinbaren».

In jüngster Zeit jedoch scheint Neugier auf diese ungewöhnliche Autorin aufzukommen – und zu wachsen. Ihre Romantikstudie *Die Romantik, Blütezeit, Ausbreitung und Verfall* erschien neu 2017 in der *Anderen Bibliothek*. Erzählungen wie *Der Fall Deruga, Lebenslauf des heiligen Wonnebald Pück* oder *Der letzte Sommer* haben so manche Leser zu Huch-Fans gemacht.

Frühling in der Schweiz wird ihre Fangemeinde sicherlich vergrößern.

LITERATUR (THEMATISCHE AUSWAHL)

Huch, Ricarda: Die Neutralität der Eidgenossenschaft, besonders der Orte Zürich und Bern, während des spanischen Erbfolgekrieges. Zürich 1892.

Huch, Ricarda: Gesammelte Schriften. Essays, Reden, Autobiographische Aufzeichnungen. Zürich 1964.

Huch Ricarda: Erinnerungen an das eigene Leben. Mit einem Vorwort von Bernd Balzer. Köln 1982.

Huch, Ricarda: Briefe an die Freunde. Herausgegeben und eingeführt von Marie Baum. Neubearbeitung und Nachwort von Jens Jessen. Zürich 1986.

Baum, Marie: Leuchtende Spur. Das Leben Ricarda Huchs. Tübingen und Stuttgart 1950.

Ricarda Huch. Persönlichkeit und Werk in Darstellungen ihrer Freunde. Berlin 1934.

Widmann, Josef Viktor: Briefwechsel mit Henriette Feuerbach und Ricarda Huch. Zürich und Stuttgart 1965.

Huch Ricarda. 1864–1947. Eine Ausstellung des deutschen Literaturarchivs im Schiller Nationalmuseum in Marbach am Neckar. 7. Mai bis 31. Oktober 1994. Schiller Nationalmuseum Marbach. Marbacher Kataloge 47, hrsg. von Ulrich Ott und Friedrich Pfäfflin. Marbach 1994.

Gabrisch, Anne (Hrsg.): Ricarda Huch: Du, mein Dämon, meine Schlange ... Briefe an Richard Huch 1887–1897. Nach dem handschriftlichen Nachlass herausgegeben von Anne Gabrisch. Göttingen 1998.

Gabrisch, Anne: In den Abgrund werf ich meine Seele. Die Liebesgeschichte von Ricarda und Richard Huch. Zürich 2000.

Hürlimann, Martin: Zeitgenosse aus der Enge. Erinnerungen. Frauenfeld 1977.

Linsmayer, Charles: Literaturszene Schweiz. Zürich 1989.

Frei, Adolf: Die Völkische Bewegung, eine nationale Gefahr. «Neue Schweiz»; Ortsgruppe Zürich 1933.

Steiger, Günter: «Fall Hodler», Jena 1914–1919: Der Kampf um ein Gemälde. Jena 1970.

Korrodi, Eduard: Neue deutsche Version über Gottfried Keller. In: Neue Zürcher Zeitung, 25. Juni 1938. Morgenausgabe Nr. 1131, Blatt 2.

ARCHIVALIEN

Zentralbibliothek Zürich, Handschriftenabteilung:
Ms. Atlantis 19.7; Ms. Atlantis 49.40.

BILDNACHWEIS

107, 110 Zentralbibliothek Zürich, graphische Sammlung und Fotoarchiv
125 Kunstmuseum Luzern, Depositum der Stadt Luzern, Foto: Robert Baumann
128/129 Kustodie Friedrich-Schiller-Universität, Foto: Jan-Peter Kasper, FSU Jena
133 Deutsches Literaturarchiv Marbach

Ute Kröger lebt als freie Publizistin in Kilchberg ZH. Im Limmat Verlag sind Werke über Else Lasker-Schüler, Erika Mann sowie Gottfried Semper lieferbar, die literaturgeschichtlichen Standardwerke «Zürich, du mein blaues Wunder» und «Nirgends Sünde, nirgends Laster» sowie «Vreneli's Gärtli» von Oskar Panizza (herausgegeben und mit einem Nachwort von Ute Kröger).

WEITERLESEN

Oskar Panizza
Vreneli's Gärtli
Eine Zürcher Begebenheit. Nebst ausführlicher Darlegung der Umstände gelegentlich der Ausweisung des Herausgebers der «Zürcher Diskußionen» aus Zürich
Herausgegeben und mit einem Nachwort von Ute Kröger

1895 erscheint Panizzas Theaterstück «Das Liebeskonzil» und bringt ihm in München ein Jahr Gefängnis wegen «Gotteslästerung» ein. Nach Verbüßung der Strafe geht er 1896 nach Zürich ins Exil, wo er 1898 wieder ausgewiesen wird.

In «Vreneli's Gärtli» verarbeitet Panizza seine ungemütliche Situation als Flüchtling in der Schweiz mit unbändigem Humor und ironischer Übersteigerung in ein Schicksal von antikischem Ausmaß in kleinbürgerlicher Umgebung. «Vreneli's Gärtli» heißt ein Gasthaus bei Zürich, und als er davon hört, ist dem Mann sofort klar: Vreneli ist die eidgenössische Variante der Venus, der Vrenesberg ist der Venusberg, da muss er hin. Und so macht er sich auf zu diesem anmutigen Ort, wo er tatsächlich auf eine bodenständig pragmatische Venus helvetischer Prägung trifft, die ihm tief in die Augen blickt und fragt: «Was trinkt der Herr füren Wi?»

«Den Text hat Ute Kröger mit einem reichhaltigen Nachwort sowie weiteren Materialien neu ediert. Er fasziniert als Amalgam aus Satire, erotischer Skurrilität und versteckter Huldigung an Zürich.» *NZZ am Sonntag*

Ute Kröger
Wie ich leben soll, weiss ich noch nicht
Erika Mann zwischen «Pfeffermühle» und «Firma Mann». Ein Porträt

Sie war ausgestattet mit allem, was man zum Leben braucht und begabt mit vielen Talenten: selbständig, intelligent, charmant, streitlustig, energisch, lebenstüchtig, erfolgreich. Aber immer lebte sie im Spannungsfeld von Eigenständigkeit und Trägerin des großen Namens. Dieses Porträt mit vielen unveröffentlichten Bildern und Dokumenten sowie die Erinnerungen Frido Manns an seine Tante dokumentieren ihr Leben als Gründerin der «Pfeffermühle», als Kinderbuchautorin, als Journalistin und Kriegsreporterin, als Familieninstanz, als Nachlassverwalterin und Herausgeberin der Werke ihres Bruders und ihres Vaters und als prozessfreudige Inhaberin der literarischen Firma Mann.

«Auch Kröger steht ihrer Heldin keineswegs unkritisch gegenüber. Nah an den Quellen zeichnet sie einen zunehmend schwierigeren Charakter: eine Frau von bisweilen penetranter Umtriebigkeit, dominant im Auftreten, eitel und eifersüchtig [...], maßlos im Hass bis hin zu paranoiden Ideen. Doch Kröger gelingt es, diese Defizite überzeugend mit der kreativen Kehrseite zu vermitteln.»
Neue Zürcher Zeitung

«Glänzend formuliert.» *Frankfurter Allgemeine Zeitung*

Ute Kröger
Gottfried Semper
Seine Zürcher Jahre 1855–1871

Erklärter Republikaner, Professor an der Dresdner Bauakademie in Diensten des Königs, Architekt der königlichen Repräsentationsbauten, die Dresden zum «Elbflorenz» wandelten, hatte er es im Mai 1849 nicht lassen können, den Aufständischen eine stabile Barrikade zu konstruieren. Steckbrieflich gesucht, auf der Flucht nach Paris und London und beinahe Amerika – die Koffer reisten bereits –, erreichte ihn schließlich ein Ruf nach Zürich, eine Professur auf Lebenszeit mit Spitzengehalt. Sein Freund Richard Wagner hatte lebhaft für ihn geworben.

Hier lebte er sechzehn Jahre als alleinerziehender Vater von sechs Kindern, war der Star des neugegründeten Polytechnikums, quälte sich mit den jugendlichen Bauschülern, baute unter anderem das Hauptgebäude der ETH sowie das Stadthaus von Winterthur, verfasste sein Hauptwerk, den «Stil». Er war gern gesehener Gast in manchem Salon und prominentes Mitglied der deutschen Kolonie, mit der er 1871 die Gründung des deutschen Kaiserreiches feierte.

Das Buch von Ute Kröger beleuchtet die wichtigsten Aspekte seiner Zürcher Jahre und bringt viele Briefe und Originaldokumente aus den Archiven der ETH, von denen die meisten zum ersten Mal veröffentlicht werden.

limmatverlag.ch

Ute Kröger
«Nirgends Sünde – nirgends Laster»
Zürich inspiriert Literaten

Egon Erwin Kisch besuchte das «Zürcher Zuchthaus», Hans-Rudolf Hilty den Flughafen Kloten und Franz Kafka die Bahnhofstraße. Hugo Balls Flammetti fischt frühmorgens bei der Fleischhalle, Hugo Loetschers Kranzflechterin feiert den Allerheiligenumsatz auf dem Döltschihof, Klaus Manns berühmte Familie bevölkert Zürich in seinen Emigrantenroman «Der Vulkan». Zürich als Schauplatz von Literatur, literarische Texte über Zürich: berühmte und vergessene, brilliante und kuriose aus allen Zeiten, Ausschnitte aus Romanen, Erzählungen, Erinnerungen, Gedichte … Von Oskar Panizza bis Max Frisch, von Maria Waser bis Nelly Sachs, Goethe, Tom Stoppard, Robert Walser, Richard Wagner … Alle haben Zürich literarisch verewigt. Die konkret erstehenden Orte zwischen Fiktion und Wirklichkeit werden reich illustriert durch – viele noch nie veröffentlichte – zeitgenössische Bilder, und Bildlegenden erzählen die Geschichte der Orte. So entsteht ein faszinierendes literarisches Porträt eines Raums mit historischer Tiefendimension.

«Zürich und die Literaten – […] eine Liebesgeschichte, die in Europa ihresgleichen sucht.» *Tagblatt der Stadt Zürich*

«Ein Buch voller Sinnlichkeit!» *Neue Zürcher Zeitung*

Dieses Buch wurde mit finanzieller Unterstützung durch den Förderverein des Limmat Verlags realisiert.

Im Internet
› Informationen zu Autorinnen und Autoren
› Hinweise auf Veranstaltungen
› Links zu Rezensionen, Podcasts und Fernsehbeiträgen
› Schreiben Sie uns Ihre Meinung zu einem Buch
› Abonnieren Sie unsere Newsletter zu Veranstaltungen und Neuerscheinungen
› Folgen Sie uns

Das *wandelbare Verlagsjahreslogo* auf Seite 1 zeigt Blätter von einheimischen Bäumen, Linoldruck von Laura Jurt, Zürich, laurajurt.ch

Der Limmat Verlag wird vom Bundesamt für Kultur mit einem Strukturbeitrag für die Jahre 2021–2024 unterstützt.

Umschlagfotografie: Ricarda Huch um 1886 © Deutsches Literaturarchiv Marbach.
Typografie und Umschlaggestaltung: Trix Krebs
Druck und Bindung: Friedrich Pustet, Regensburg

Die Originalausgabe erschien 1938 im Atlantis Verlag, Zürich. Orthografie und Interpunktion wurden für diese Ausgabe sanft an die neue Rechtschreibung angepasst und harmonisiert.

ISBN 978-3-03926-029-4

www.limmatverlag.ch